12 —

Regine Zopf

Das Unsichtbare wird sichtbar

Regine Zopf

Das Unsichtbare wird sichtbar

Die Chakren und ihre Bedeutung für
den heutigen Menschen

Von Sameen Al Hoskia Ra
und den Weltenhütern

Weltenhüter
Verlag
Ralph Peters

Mit sieben Farbabbildungen

1. Auflage Februar 1993

Satz: Ralph Peters
Druck: Clausen & Bosse, Leck
Umschlaggestaltung: Regine Zopf
Illustrationen: Regine Zopf
Weltenhüter Verlag Ralph Peters, Hamburg

ISBN 3-929681-00-5

Dieser Weg hat mit Freude,
mit Abenteuer und mit
Loslassen vom Alten zu tun.
Dieser Weg ist für die unter euch,
die Mut haben voranzuschreiten
und die das Forschen lieben.

Sameen Al Hoskia Ra und die Weltenhüter

Inhalt

Teil 4: Die Farben

Vorgeschichte

Auf der Suche nach höheren geistigen Werten und nach innerer Erfüllung war ich schon immer. Meine erste Erinnerung an mich in dieser Hinsicht ist als kleines Mädchen, das zwischen seinen Puppen sitzt und denkt "das kann doch nicht alles sein". Glück als Kind fand ich in unserem Garten. Die Pflanzen, die Blumen und die Bäume waren mein Reich und meine wahren Freunde. Sie spendeten mir Freude und Trost. Der Geruch der Erde an einem Frühlingsabend nach einem langen Winter lösten in mir Verzückung aus. Doch mit zunehmenden Alter verlor ich diesen intensiven direkten Kontakt, besonders als ich in die Schule kam und die dortigen Pflichten mich immer mehr in Anspruch nahmen.

Später wählte ich das Studium für Sozialwesen, weil ich Menschen helfen wollte. Die vier Jahre Studium zur Sozialpädagogin verbrachte ich größtenteils damit, esoterische Bücher aller Richtungen zu verschlingen. Der Gedanke und das Gefühl "das kann doch nicht alles sein" ließen mich einfach nicht los. Bei meiner Suche in Büchern stieß ich auch auf Bhagwan Shree Rajneesh. Nach erfolgreichem Abschluß meines Studiums fuhr ich mit meinem damaligen Freund nach Indien und wurde Schülerin von Bhagwan. Von dieser Zeit an meditierte ich mehr oder weniger regelmäßig und praktizierte am Anfang vor allem die aktiven Meditationen von Bhagwan. Außerdem besuchte ich viele Therapiegruppen, angefangen mit Primärtherapie über Encounter bis zu Energiearbeit. Dies gab mir ein zeitweises Gefühl des Erfülltseins, des Zuhauseseins bei mir selbst, doch es hielt nie sehr lange nach den Grupppen an.

Eine große Änderung passierte Ende 1988, als ich wieder einmal in Indien war und jeden Abend an Bhagwans Vorträgen teilnahm. Als Abschluß seiner Vorträge führte er damals seine Schüler in einer von ihm geleiteten Meditation zu ihrem eigenen inneren Raum, zu ihrer inneren Quelle. In dieser Zeit änderte sich mein Fokus. Bhagwans und meine Bemühungen über all die Jahre fruchteten. Langsam suchte ich Hilfe nicht mehr im Außen und spürte meinen eigenen inneren Kern. Eine Änderung in meiner Struktur hatte begonnen, und ich bin Bhagwan sehr dankbar für seine Unterstützung.

Zu dieser Zeit begann ich mit meiner Freundin A. Experimente zur Bewußtseinserweiterung. Ich wollte an keinen Therapiegruppen mehr teilnehmen, sondern ohne Hilfe an mir arbeiten. Es begann alles mehr als Spielerei. Wir starteten unsere Experimente unter anderem mit *heartreadings*. Dabei schwingt man sich nach anfänglicher Meditation in das Herz seines Partners ein und beginnt die Eindrücke darüber zu schildern. Diese Übungen waren für uns keine Schwierigkeit und wir praktizierten sie sehr intensiv. Als nächsten Schritt wollte A. ausprobieren, ob wir mit nicht-verkörperten Wesen oder unseren Geistführern in Kontakt kommen und sie durch uns sprechen lassen könnten. Doch davon wollte ich nichts wissen. Ja, ich hatte sogar eine so große Abneigung davor, daß ich A. zwei Wochen versuchte zu meiden und sie nicht mehr besuchte. Ich hatte mich vorher noch nicht mit so etwas wie Geistführern beschäftigt und *Channeling* (das ist das englische Wort für "ein Kanal sein, für nicht-verkörperte Wesenseinheiten und sie durch sich sprechen lassen") war unter meinen Freunden eine Seltenheit, die spöttisch belächelt wurde.

Innerlich war etwas in Aufruhr in mir. Einerseits fühlte ich mich von der Idee des Channelings abgestoßen, andererseits angezogen. Die innere Anspannung führte wahrscheinlich zu meinen Bauchschmerzen, die von Tag zu Tag schlimmer wurden. Eines Abends wurden die Schmerzen so groß, daß ich fast in Panik geriet. Ich beruhigte mich aber innerlich etwas, legte mich auf mein Bett und versuchte mich zu entspannen. Dann kam mir der Gedanke "okay, wenn es so etwas wie Geistführer gibt, dann bitte kommt und helft mir jetzt bei diesen Schmerzen!" Nach einiger Zeit hörte ich klar eine Stimme in meinem Kopf. Sie sagte mir, daß wir mich jetzt gemeinsam heilen würden. Ich sollte meinen Kristall und meinen grünen Aventurin zu mir ins Bett holen und meinen Körper in goldenes Licht einhüllen. Die Stimme erklärte mir weiterhin genau, wie ich visualisieren sollte, daß die Schmerzenergie durch den Kristall aus meinem Körper hinausfließt. Sie floß durch einen goldenen Kanal aus mir, durch mein Zimmer, durch das Haus, hinaus in den Himmel und verschwand im Universum. Anschließend floß durch den Aventurin heilende Energie in meinen Körper zurück. Während dieser Heilsitzung hörte ich die Stimme klar und deutlich. Die Energie war stark und schön. Ich schlief schließlich erschöpft ein. Am nächsten Morgen erwachte ich ohne Schmerzen, nur fühlte ich mich wie nach einer schweren Krankheit. Es war für mich ein Wunder und meine Zweifel über das Channeln, die mich die vorherige Zeit so schwer geplagt hatten, waren angeknackst. Was war mit mir geschehen? Ich wollte es wissen und war bereit anzufangen. Sofort fuhr ich zu A. und erzählte ihr von meinem Erlebnis. Ich war aufgeregt und wollte, daß A. für mich dieses Wesen durch sich sprechen ließ, damit ich einige Fragen stellen konnte. Wir legten uns auf ihr Bett, entspannten uns und riefen beide innerlich meinen nächtlichen

Helfer. Er meldete sich sofort durch A. Er analysierte den Zustand meines Körpers und gab mir verschiedene Hinweise. Unter anderem fragte ich nach dem Namen meines neugewonnen Freundes. Als ich diese Frage stellte, hörte ich dieselbe Stimme der Nacht in meinem Kopf, den Namen "Raju" aussprechen. In diesem Moment sagte das Wesen durch A. , "mein Name ist Raju". In mir fing mein Herz an wie wahnsinnig zu schlagen. Am liebsten hätte ich die reglose A., die in einem tiefen Zustand versunken schien, rütteln und schütteln mögen, um ihr zu erzählen, daß ich innerlich denselben Namen gehört hatte. Meine Zweifel waren erst einmal total besiegt und ich war voller Aufregung. Nach der Session erzählte ich A. alles. Wir waren beide erstaunt und glücklich. Die ganze Geschichte, meine Schmerzen, meine Heilung, unsere erste Sitzung, der Name, alles war für uns ein Wunder!

Von dieser Zeit an stürzten wir uns fast jeden Tag in unser neues Mittel, uns zu erforschen. Von einem Tag auf den anderen begannen wir plötzlich beide, mühelos zu channeln. A. und ich lösten uns ab, so daß jede von uns die Möglichkeit hatte, Fragen zu stellen. Wir riefen unseren neuen Freund am Anfang zur Befragung unserer kleinsten Probleme, die er bis zu einem bestimmten Zeitpunkt auch bereitwillig beantwortete. Er wurde sozusagen zu unserem ständigen Begleiter und erschloß uns ganz neue Dimensionen unseres Wesens und der Existenz, die wir bis dahin nicht gesehen hatten. Mit seiner Hilfe verließen wir nach einigem Zögern unsere physischen Körper und fanden uns in der unendlichen Weite des Universums wieder. Oder wir übten den Adlerblick, eine Übung bei der wir unsere Probleme von einer höheren Warte betrachteten. Raju gab uns sehr viele bewußtseinserweiternde Übungen, Meditationen und Hilfsmittel.

Das Leben war sehr aufregend und die Erforschung unserer selbst war das größte Abenteuer! Doch es war natürlich nicht immer angenehm zu sehen, was alles von uns an die Oberfläche kam. Wir gingen auch durch schmerzhafte Zeiten. Durch Zeiten, in denen wir dachten, wir könnten nicht weitergehen und in denen wir unsere behagliche Ruhe zurückhaben wollten. Aber wir erlebten, daß es von einem bestimmten Punkt an nicht mehr zurückging. Das Leben ging für uns mit einer ungeheueren Intensität bergauf und bergab. Wir erzählten beide niemandem, was wir an unseren gemeinsamen Nachmittagen taten. Besonders ich vermied es darüber zu erzählen, es erschien mir damals zu verrückt.

Diese intensive Zeit dauerte vier Monate. Wir arbeiteten damals im Eiltempo Dinge auf, die ich in meinen vorherigen Therapiegruppen nie losbekommen oder klargesehen hatte. Ganz leicht führte uns Raju, durch unsere innere Bereitschaft und unser, zu ihm gewonnenes Vertrauen, in Bereiche, die wir bis dahin streng verhüllt hatten. Er begrüßte uns immer mit Freude und verabschiedete sich immer in Liebe und Dankbarkeit für uns, weil wir mit ihm arbeiteten. Er bedankte sich bei uns! Dabei hatten wir uns doch bei ihm zu bedanken. Er erklärte aber, daß auch er sich durch unsere Zusammenarbeit weiter zum Licht entwickeln könne.

Dann mußte ich zurück nach Deutschland und eine neue Phase begann. Als einzige erzählte ich meiner Freundin C. von meinen Erlebnissen mit Raju und wir machten ab und zu Sitzungen. Raju blieb nach wie vor mein Geheimnis. Ich fand eine Arbeitsstelle im Marketingbereich bei einer Software-Firma und übte mich im normalen deutschen Berufsleben. Es machte Spaß und ich hatte Erfolg. Aber nach meiner anfänglichen Begeisterung spürte ich bald, daß dies nicht meine Lebensaufgabe war. Ich spürte einen innerlichen Druck in mir, endlich mit meiner wahren Aufgabe zu beginnen. Doch mir war nicht klar, was ich genau tun sollte.

Damals arbeitete ich mit Raju an meiner Beziehung zu Männern. Bis zu dieser Zeit hatte ich noch keine erfüllte Partnerbeziehung gehabt. Immer war eine oder sogar mehrere Seiten von mir in meinen Beziehungen ausgeschlossen gewesen und ich war frustriert darüber. Ich hatte mich entschlossen, lieber alleine zu leben, als in einer öden Beziehung. Doch Sehnsucht nach einer auf allen Ebenen schönen Beziehung nagte an mir. Und jetzt wollte ich eine haben! Wenn nicht jetzt, wann dann? Dieser Wunsch war der erste Schritt in eine positive Richtung und Raju zeigte mir alle meine inneren Widerstände und Muster, die mich daran hinderten, den richtigen Mann kennenzulernen. Ich begegnete meinem Muster, das sagte "Nähe zerstört mich". Ich mußte es ansehen und verstehen, woher es kam. Raju war mir eine unerläßliche Hilfe und sprach mir konstant Mut zu, weiter voranzuschreiten und diese Blockaden aufzulösen. Es war wieder nicht leicht und angenehm zu sehen, was in mir steckte. Doch irgendwann hatte ich die innere Sicherheit, alles getan zu haben, um offen für eine Begegnung zu sein. Raju bestätigte mir diese Empfindung und meinte, daß es nicht mehr lange dauern würde, bis ich meinem zukünftigen Partner begegnen würde.

Wenig später traf ich Ralph. Auch er war nach Entäuschungen an den Punkt angelangt, jetzt endlich eine erfüllende Beziehung zu wollen und sich darauf einzulassen. Ein paar Monate nach unserer ersten Begegnung zog ich zu ihm nach Hamburg und seitdem leben und arbeiten wir zusammen. Durch unsere Beziehung haben wir uns beide sehr verändert und unsere innere Entwicklung ist durch unsere gegenseitige Liebe und Unterstützung enorm verstärkt worden. Bald begann ich für ihn zu channeln und ich bestärkte und unterstützte ihn, es auch einmal zu versuchen. Nach einiger Zeit begann er damit. Ich hatte wieder einen Channelpartner, wie damals mit meiner Freundin A. Wenn wir jetzt füreinander Sitzungen machen, ist es oft so, daß derjenige, der nicht channelt, trotzdem auch die Antworten innerlich *hört*. So ist oft eine Bestätigung der durchgegebenen Texte zwischen uns möglich. Auch Ralph hatte in bezug auf seine Arbeit das Gefühl, daß seine wirkliche Aufgabe woanders liegt. Wir entschieden uns mit unseren bisherigen Tätigkeiten aufzuhören und wir wagten uns in ein neues Abenteuer. In der Zwischenzeit hatte ich mich zur Reiki-Meisterin ausbilden lassen. So bot ich jetzt Reiki-Seminare und Channeling-Sitzungen an. Das was vorher mein Geheimnis war, wurde sozusagen mein Beruf.

Nun endlich die Geschichte von Sameen. (Wer Sameen ist, erzählt er am Anfang des Buches selbst.) In den ersten Sitzungen mit A. meldete sich neben Raju noch ein Wesen, das von ganz weit weg zu kommen schien und dessen Energie viel stärker, höher und auch feiner war. Es waren die ersten Begegnungen mit Sameen. Ihn wagten wir nicht mit unseren kleinen alltäglicheren Fragen zu behelligen, denn vor ihm hatten wir zuviel Respekt. Deswegen entschieden wir uns erst einmal mit Raju zu arbeiten. Er erschien uns näher und in gewisser Weise menschlicher. Als ich später Ralph von Sameen erzählte, war er gespannt und wollte in Kontakt mit ihm kommen. Zuerst machten wir nur ab und zu eine Sitzung mit Sameen und es war nun viel leichter für mich seine Energie durchzugeben. Dann kontaktierten wir ihn immer öfters. Letztes Jahr erklärte mir Sameen, daß wir nun endgültig zusammenarbeiten würden. Raju wäre nicht mehr mein Ansprechpartner, weil er in eine andere Ebene durch unsere Arbeit gekommen sei und nun neue Aufgaben habe. Ich hatte schon Wochen vorher gefühlt, daß etwas verändert war und daß Raju nicht mehr greifbar war. Sameen gab mir diese Gewißheit. Es war für mich, wie einen sehr guten Freund verloren zu haben, aber gleichzeitig fühlte ich auch Freude für Raju.

Seitdem stehe ich in ständigem Kontakt mit Sameen. Über die Jahre meiner vielen Channelings hatten sich die Sitzungen sehr verändert. Die ersten Jahre mit Raju waren vor allem meiner Weiterentwicklung und Reinigung im Emotionalbereich gewidmet. Jetzt mit Sameen kamen zeitweise andere Dinge zur Sprache, die in erster Linie nicht nur mit mir zusammenhingen. Er erklärte Weltzusammenhänge, universelle Gesetze, die höheren Energiekörper des Menschen, usw. Schließlich bot mir Sameen an, daß er, wenn ich einverstanden sei, Bücher über das Energiesystem des Menschen durchgeben werde. Das erste Buch sollte über die Chakren sein und das zweite über die feinstofflichen Energiekörper. Außerdem sollte ich die Chakren für das Buch malen. Ich fühlte mich geehrt durch dieses Angebot und es stellte eine große Herausforderung für mich dar. Die Aufgabe war nicht immer leicht, vor allem nicht am Anfang. Viele Selbstzweifel überfielen mich. Es war, als ob alle meine alten Ängste und Probleme, die ich schon lange besiegt glaubte, noch einmal aufflackerten und mich zeitweise überrollten. Ich konnte nichts dagegen tun, doch ich wußte aus meinen früheren Erfahrungen, wie ich damit umzugehen hatte und ließ mich nicht davon abhalten, damit Sameen sein Buch weiter durch mich diktieren konnte. Bei jedem Chakra-Kapitel erlebte und sah ich glasklar meine eigenen Probleme, die in dem jeweiligen Chakra vorhanden waren. Die Zeit war wieder, wie ich es vorher schon so oft mit Sameen und Raju erlebt hatte, eine Selbstreinigung, sozusagen ein Großputz. Das hätte ich vor Beginn der Arbeit nicht gedacht. Das Malen der Bilder fand unter der Anleitung von Sameen statt und machte mir große Freude. Immer wieder fragte ich bei ihm um Rat nach, wenn ich unzufrieden mit meinen Malkünsten war. Die Wirkung der Farben erlebte ich als sehr intensiv und wohltuend. Nun, da das Buch vollendet ist und ich zurückblicken kann, sehe ich, wie wertvoll diese mir damals oft so schwierig erscheinende Zeit war.

Der Text wurde original so gelassen, wie Sameen spricht, und wurde bewußt nicht in eine andere, vielleicht geläufigere Sprache umgeändert. Alles soll so direkt wie möglich bleiben. Doch ein wichtiger Faktor ist, auf die Energie zwischen den Worten zu hören, denn dort begegnet euch die transformierende Liebe Sameens für die Menschen. Die Begegnungen mit ihm sind immer geprägt von seiner großen Klarheit, seinem tiefen Mitgefühl und seiner unendlichen Liebe. Nie habe ich erlebt, daß er etwas von mir gefordert hat oder mir aufzwingen wollte. Immer war der verbindende Teil zwischen uns Liebe und Respekt füreinander.

Bevor ich meine Geschichte beende, möchte ich noch die Gelegenheit ergreifen, meinem Gefährten Ralph zu danken. Er hat mich während der ganzen Zeit der Arbeit begleitet, unterstützt und immer wieder ermutigt, weiter zu machen. Ohne ihn wäre das Buch bestimmt nicht so schnell vollendet worden.

Möge dieses Buch für euch eine Quelle der Freude, der Einsicht und der Liebe sein.

Regine

Teil 1
Einführung

Begrüßung

Zu Beginn möchten wir euch alle willkommen heißen zu diesem Abenteuer durch die menschlichen Chakren. Wir freuen uns sehr, euch in dieser Hinsicht behilflich sein zu können, und bedanken uns auch schon im voraus bei unserer Freundin, die sich für die Arbeit der Übermittlung unserer Worte zur Verfügung stellt.

Wir möchten uns bei euch vorstellen. Mein Name ist Sameen Al Hoskia Ra, und ich bin ein Mitglied der Gruppe der "Weltenhüter". Dies ist unser Name in den himmlischen Reichen. Als Gruppe haben wir die Aufgabe übernommen, die universellen Gesetze im Kosmos zu überwachen und die Harmonie aufrechtzuerhalten. Wir sind quasi Organisatoren, in euren irdischen Worten ausgedrückt, und die eigentliche *Arbeit* wird von unseren geliebten Engelheerscharen getan.

Da die Erde ein Teil des Kosmos ist und dringend Unterstützung benötigt, bringen wir momentan gezielt Energie zu euch, wiederum durch unsere Engel. Die Engel sind wie unsere verlängerten Arme! Nun, da die Zeit gekommen ist, daß sich ein Teil von uns, den wir hier unsere Freundin nennen, erinnert, können wir gezielt mit euch arbeiten, gezielt euch Wissen übergeben, gezielt euch Vorschläge machen zu einer Verbesserung für euer Erdendasein. Über diese Möglichkeit der Anteilnahme an eurem Leben sind wir sehr erleichtert, da wir momentan alles versuchen, das Bewußtsein der Menschen der Erde zu erhöhen oder besser, wir versuchen die Menschen dabei zu unterstützen, auf eine höhere Stufe zu gelangen.

Viele von euch haben im Laufe dieser letzten Jahre einen immer größer werdenden inneren Druck verspürt. Zunächst wußtet ihr gar nicht, was dies zu bedeuten hatte und wie ihr es einordnen solltet. Ihr versuchtet Gründe zu finden in eurer Beziehung, in eurer Arbeit, in eurer Sexualität. Ihr versuchtet krampfhaft, etwas im Außen zu finden und zu ändern. Der Druck wurde immer größer und ist inzwischen nicht mehr wegzuleugnen. Ist es nicht so? Jetzt ist es an der Zeit zu verstehen, woher der Druck kommt, was er zu bedeuten hat, wie ihr damit umgehen könnt und was ihr zu tun habt.

In den letzten Jahren strömten auf die Erde enorme Wellen von Energie ein, mit dem Ziel, das Energieniveau zu erhöhen, damit die Erde einen Sprung auf eine nächsthöhere Ebene machen kann. Diese Energiewellen erzeugten bei den Menschen eine Auslösung verschiedener Mechanismen. Plötzlich wurden die Menschen verstärkt unzufrieden mit ihrem Leben und suchten nach einem tieferen Sinn. Plötzlich geriet der pure Materialismus bei einigen Menschen auf seinem steinernen Podest ins Schwanken. Natürlich gibt es noch genügend Menschen, die sich verstärkt dem Materialismus verschrieben haben. Sie werden dafür sehr viel zu zahlen haben in den kommenden Jahren.

Es fing ganz langsam und schleichend an und wurde immer stärker, ausgelöst durch den beständig steigenden Strom von Energie. Dieser Strom kann euer Katalysator werden für diese Entwicklung, für euer Emporsteigen auf eine höhere Stufe, wenn ihr mit ihm fließt, wenn ihr ihn benutzt. Sträubt ihr euch dagegen, wird es für euch sein wie Steine in den Weg geworfen. Wir möchten euch bei eurem Emporsteigen unterstützen und begleiten, wenn ihr es zulaßt. Doch ihr müßt beginnen, bewußt etwas für euch zu tun.

Ihr müßt beginnen, zunächst einmal euch zu reinigen! Es ist wirklich an der Zeit. Und dieser Weg ist nicht schmerzhaft, wie viele von euch denken. Dieser Weg hat nichts mit Arbeit, wie ihr es oft negativ versteht, zu tun. Dieser Weg hat mit Freude, mit Abenteuer und mit Loslassen vom Alten zu tun. Dieser Weg ist für die unter euch, die Mut haben voranzuschreiten und die das Forschen lieben. Ihr werdet dann zu Forschern eurer selbst. Wie schön!

Gut, es gibt verschiedene Dinge zu tun und vorzubereiten. In und um euch gibt es ein komplexes Energiesystem, das beständig gespeist und genährt wird von der Existenz. Leider habt ihr euch im Laufe eurer vielen irdischen Inkarnationen verschlossen gegenüber der Existenz und dem Unsichtbaren. Doch jetzt ist es an der Zeit, sich dem zu öffnen und zu beginnen, das Unsichtbare in euch zu heilen. Dieses Buch widmet sich dem Chakrensystem und das nächste Buch den verschiedenen Ebenen oder den Körpern des Menschen. Sie sind als Reihe und als eines gedacht. All die Informationen und Übungen sind gedacht zur Integration und Heilung dieser Ebenen in euch, die zunächst einmal unsichtbar erscheinen, aber bei Übung vor dem inneren Auge erscheinen. Es ist an der Zeit, daß jeder von euch beginnt, Kontakt aufzunehmen mit dem eigenen inneren und äußeren Wunder. Die Zeiten sind vorbei, wo Ihr nur euer mentales Wissen gefüttert habt. Nun müßt ihr beginnen, selbst zu entdecken und herauszufinden. Dafür sind diese Bücher gedacht! Sie sollen euch darin unterstützen, selbst in euch hineinzufühlen und zu überprüfen, ob das eure Wahrheit ist, was ihr hier geschrieben vorfindet. Die Übungen sind ein Vorschlag, ein Geschenk an euch, euch zu reinigen und zu heilen und um eure Schwingung auf Dauer zu erhöhen.

Wir lieben euch und unterstützen euch bei eurer Arbeit, die keine Arbeit im negativen Sinne ist, sondern eine Freude. Sie ist ein Schritt in eine positive Richtung hin zu mehr Licht und Energie. Neue Ebenen warten schon seit langem darauf, von euch entdeckt zu werden. Nehmt *eure* Energie in Besitz und schreitet mutig voran.

Wir segnen euch,
Sameen Al Hoskia Ra und all die Weltenhüter.

Die Aufgabe der Chakren

Die Chakren haben eine wundervolle Aufgabe im System des Menschen übernommen! Sie sind die Empfänger und Transformatoren der kosmischen Energien aus dem Energiefeld der Erde. Jeder Planet transformiert die kosmische Energie in eine ihm angepaßte Frequenz. Die Chakren nehmen also diese transformierte kosmische Energie auf. In ihnen wird sie dann zum Nutzen für den Menschen umgewandelt. Ohne diese Energie, ohne diese umgewandelte Energie wäre der Mensch *nichts*! Es gäbe nur eine leblose Hülle. Jedes lebendige Wesen, und dazu zählen wir auch das Pflanzen- und Mineralienreich, lebt von und durch diese Energie. Zunächst einmal gibt es also reine kosmische Energie. Sie wird in Energie zum Nutzen des Planeten umgewandelt, wenn sie in das Energiefeld des Planeten eintritt. Anschließend wird sie vom Menschen in seine ihm entsprechende Frequenz transformiert. Die Chakren sind für diese Aufgabe zuständig!

Von unserer Sicht her, mit unseren Augen, die für das euch Unsichtbare geöffnet sind, ist es ein gigantisches Schauspiel. Sind die Chakren geöffnet und arbeiten sie reibungslos, ist es ein wunderschöner Anblick. Es ist ein hochkompliziertes Energieschauspiel und ein Verwobensein unterschiedlichster Kräfte, die zusammen ein gigantisches Kraftwerk bilden. Es ist vergleichbar mit einem riesigen Wasserfall, wie dem Niagara-Wasserfall.

Die Chakren haben alle unterschiedliche Funktionen und Aufgaben, die wir im folgenden genau beschreiben wollen. Es ist für das Wohlbefinden des Menschen extrem wichtig, daß sie alle rhythmisch schwingen, daß sie in Aktion sind und sich gegenseitig die Energie weiterleiten. Wie schon gesagt, sie gehören zur "unsichtbaren Abteilung" des Menschen und wurden in den letzten Jahrzehnten und Jahrhunderten verleugnet und vernachlässigt. Doch schon immer, oder besser seit langem, haben hellsichtige, weise Menschen ihre Existenz gekannt und ihre Wichtigkeit erkannt. In Tibet, China, Indien wurde mit ihnen geforscht und wurden Übungen entwickelt, zur Aktivierung und Heilung des Chakrensystems. Es waren der Zeit entsprechende Übungen, zugeschnitten auf den damaligen Menschen.

Heutzutage wird die Wichtigkeit der Chakren wiedererkannt und hervorgehoben. Wir sind uns der vielen Aussagen über die Aufgabe, das Aussehen und die Funktion der Chakren bewußt . Unsere Absicht hier ist es nicht, eine wissenschaftliche Arbeit vorzulegen. Unsere Absicht ist, euch über die momentane Notwendigkeit der Kontaktaufnahme aufzuklären. Wir wollen euch so einfach wie möglich die Chakren und das Chakrensystem nahebringen. Wir wollen euren Forschergeist aufrütteln, das Geschriebene zu üben und damit zu überprüfen.

Wir sagten, die Chakren gehören zur "unsichtbaren Abteilung" des Menschen. Da alles Unsichtbare, Geistige, wahre Spirituelle auf der Erde in den letzten Jahrzehnten und Jahrhunderten verleugnet wurde, steht es um all diese Dinge schlecht auf der Erde. Doch die Arbeit mit den Chakren und den Energiekörpern wird immer aktueller in der esoterischen Szene. Manch einer spricht darüber, ohne sie selbst erfahren zu haben, ohne sie selbst gesehen zu haben. Sogenannte wissenschaftliche Arbeiten über die Chakren zu lesen ist ein Teil,

der andere Teil der Arbeit ist Erfahrung von innen heraus. Nur wenn ihr ihre Existenz, ihre Aufgabe und Wichtigkeit erkennt *und* spürt, erlangt ihr eine ganzheitliche Erfahrung.
Ein universelles Gesetz besagt, daß

alles in Harmonie
miteinander schwingt
und zusammenhängt
und doch für sich alleine ist.

So ist es auch mit den Chakren. Jedes einzelne hat seine eigene wichtige Aufgabe, seine eigene Schwingungsfrequenz. Jedes steht für sich alleine. Doch das eine könnte ohne das andere nicht voll funktionieren, sie bedingen sich gegenseitig. Schwingt ein Chakra nicht harmonisch, hat dies Auswirkungen auf die anderen, da sie *alle* miteinander verbunden sind. Ist jedes Chakra in seiner ihm eigenen aktiven Schwingungsfrequenz, lebt der Mensch in Harmonie mit sich und seiner Umwelt.

Wie im kleinen, so auch im großen! Das universelle Gesetz über das Zusammenhängen von allem gilt sowohl für die Chakren als auch für den Kosmos. Ist ein Planet eines Sternensystems aus dem Gleichgewicht, aus der Harmonie gefallen, hat das Auswirkungen auf das ganze System und von dort auf den ganzen Kosmos.

Wenn ihr die Zustände der Menschen dieser Erde betrachtet, stellt ihr sofort fest, daß etwas aus dem Gleichgewicht geraten sein muß. Ein Teil oder auch eine Auswirkung davon ist, daß die Chakren der Menschen entweder nicht mehr voll in Harmonie schwingen, oder noch deutlicher gesagt, blockiert sind, oder daß sie in die falsche Richtung schwingen. Dadurch sind die Menschen manipulierbar und regierbar!

Ein Mensch mit einem harmonischen und voll aktivierten Chakrensystem ist das nicht. Ihr werdet dies erkennen im Laufe des Buches. Euch werden die Augen darüber aufgehen. Ein Mensch mit einem voll aktivierten, harmonischen Chakrensystem wird nie in Gefahr kommen, andere auszubeuten, zu manipulieren oder gar zu töten.
Wenn alle Chakren harmonisch zusammenspielen, hat ein Mensch

einen voll ausgeprägten gesunden Körper,
eine natürliche Autorität,
die verbunden ist mit Liebe und Achtung,
eine natürliche Ausdrucksgabe
und große Erkenntnis und Weisheit,
die verbunden ist mit dem
All-Einen-Großen-Ganzen.

Wir werden versuchen, euch das Bild und Zusammenspiel, so wie wir es sehen, genau darzustellen, angefangen bei dem ersten, untersten Chakra bis hinauf zu dem vorerst letzten, siebten Chakra.

Natürlich sind die Chakren nur ein Teil der schon erwähnten "unsichtbaren Abteilung" des Menschen, und sie stehen in engster Verknüpfung und Zusammenarbeit mit den Energiekörpern des Menschen. Deswegen legen wir euch sehr ans Herz, zur Vervollständigung auch unser Buch über die feinstofflichen Körper zu lesen und durchzuarbeiten. Dadurch wird für euch das Bild des Energiesystems kompletter.

Das Aussehen der Chakren

Die Chakren sehen ähnlich wie Blütenkelche, wie Trichter aus, aber in Wahrheit sind sie Energiewirbel. Sie sind eine bestimmte Verdichtung von Energie, die wiederum Energie anzieht und sie moduliert oder auch transformiert.

Sie sitzen im ersten Energiekörper des Menschen. Der erste Energiekörper ist der physische Körper mit seiner höchsten Frequenz, dem Ätherkörper. Beide, der physische Körper und der Ätherkörper, sind eins. In dieser höchsten Ebene des physischen Körpers ist das eigentliche Zuhause der Chakren, wobei sie sich aber ausdehnen können in die anderen Energiekörper. Aber darauf kommen wir später. In diesem feinsten, hochelektrischen Gebilde des Ätherkörpers gibt es also sieben Hauptumschaltstellen und Empfangsstationen für Energie.

Das für uns am besten erscheinende Wort für ihr Aussehen ist "Energieverdichtung" oder auch "Energiewirbel". Von der Seite betrachtet, sehen sie ähnlich wie Trichter aus, die sich verengen zu einem Kanal. Durch diesen Kanal wird die eingezogene, transformierte Energie weitergeleitet.

Die Energiewirbel ziehen kosmische Energie durch ihre eigene Ansammlung von Energie an. Sie wirken wie ein Magnet, und je stärker der Magnet aufgeladen ist, um so mehr Energie wird angezogen, um so mehr Energie hat der Mensch zur Verfügung. Die Chakren ziehen also die kosmische Energie in sich ein und transformieren sie in ihre eigene Frequenz, zu ihrem Nutzen.

Jedes Chakra hat sein ihm eigenes Aussehen, seine eigene Schwingungsfrequenz, seinen eigenen Aufbau. Jedes hat aber die Möglichkeit, sich die kosmische Energie zunutze zu machen, sie aufzunehmen und umzuwandeln, sich zu ernähren durch sie. Tritt also die gleiche kosmische Energie in die sieben Hauptchakren, die wir hier besprechen wollen, so kommen sieben unterschiedliche Ergebnisse heraus, bedingt durch die Unterschiede der Chakren. Je höher wir die Leiter der Chakren emporsteigen, um so komplizierter und feiner wird ihr Aussehen und auch ihre Funktion.

Die Chakren kreisen, sie sind *Wirbel*. Durch das Kreisen ziehen sie die Energie ein. Die Art der Schwingung erzeugt das Bild der Blütenblätter. Das erste Chakra kreist gemächlich, aber stetig, und erzeugt so das Bild von wenigen Blütenblättern, das siebte Chakra ist ein feinstes, hochelektrisches Gebilde aus tausenden von Wirbeln und erzeugt so das Bild von unzähligen Blütenblättern. So entstehen die unterschiedlichen Bilder, wie Menschen die Chakren gesehen haben.

Jedes Blütenblatt, wir wollen uns auf dieses Wort einigen, besteht aus feinsten Sensoren, durch die Energie eindringen kann. Diese Sensoren sind aber von ihrer Feinheit her wieder unterschiedlich bei den jeweiligen Chakren. Die Sensoren münden in Energiefasern, die zusammen in den abschließenden Energiekanal des Blütenkelches münden.

Wir wünschten uns, ihr könntet das Bild eines Chakras vor eurem inneren Auge entstehen lassen. Versucht es gleich jetzt. Schließt eure physischen Augen und öffnet das innere Auge. Atmet dreimal tief in euren Brustkorb und Bauch ein. Setzt euch aufrecht mit geradem Rücken hin und geht mit eurer

Aufmerksamkeit in den Unterbauch. Spürt, wie er sich hebt und senkt. Entspannt euch und laßt alle überflüssigen Gedanken für einen kurzen Moment beiseite. Noch einmal, atmet dreimal tief durch und schließt dies ab mit einem erlösenden Atemzug. Stoßt ruhig einen kleinen Schrei oder Seufzer dabei aus. Nun seid ihr bereit. Laßt vor eurem inneren Auge ein Chakra erscheinen. Ihr braucht euch kein bestimmtes vorzustellen. Laßt das erscheinen, das kommen mag. Laßt es langsam vor eurem inneren Auge erscheinen und betrachtet es dann genau. Von vorne, von der Seite, von hinten. Begrüßt es, heißt es willkommen. Die Chakren wollen in Kontakt kommen mit euch! Sie warten schon sehr lange darauf. Vielleicht möchte euch das erscheinende Chakra etwas bestimmtes mitteilen. Ihr könnt euch mit ihm unterhalten und austauschen. Als Abschluß könnt ihr euch bei ihm bedanken und verabschieden. Ein Anfang ist getan!

Diese Übung könnt ihr machen, wann immer ihr wollt. Sie stimuliert euer drittes Auge und übt euch in der Wahrnehmung des Unsichtbaren, (ich will für dieses Wort keine Anführungsstriche mehr benutzen), des euch *noch* Unsichtbaren. Wann immer ihr Kontakt aufnehmen wollt mit einem Chakra, ohne auf ein bestimmtes fixiert zu sein, erscheint dasjenige, das mit euch am meisten in Kontakt treten möchte oder *muß*, aus einem bestimmten Grund heraus. Natürlich müßt ihr all die Übungen, die wir euch vorschlagen, längere Zeit tun. Ihr habt diese Fähigkeit der inneren Sicht so lange vernachlässigt, daß ihr nicht erwarten könnt, daß sie sofort wieder kommt. Wenn ja, so habt ihr großes Glück und ihr könnt euch freuen.

Am Anfang kann es geschehen, daß ihr gar nichts seht oder große Zweifel in euch entstehen, was das eigentlich alles soll.

Doch gebt nicht auf! Geht durch diese Krise, übt weiter, hegt weiter euren Wunsch, ein Bild über die Chakren entstehen zu lassen. Nur wenn ihr nicht aufgebt, wenn ihr festhaltet an eurem Wunsch, wird es geschehen.

Wir lieben euch. Spürt auch das im Laufe des Buches immer mehr. Wir wollen euch nicht nur Worte vermitteln, euch anregen zu forschen oder Wissen weitergeben. Nein, wir nehmen diese Gelegenheit auch war, euch zu überschütten mit unserer Liebe und unserem Licht. Versuche es einmal, schließe deine Augen, wo immer du dich auch befindest. Stimme dich auf mich ein. Du kannst auch meinen Namen aussprechen, das wird dich öffnen für unsere Liebesenergie. Im Laufe des Buches wirst du fähig werden, die Liebe und Unterstützung des Universums, die durch uns fließt, zu spüren.

Dies wird dich öffnen dafür, zu erkennen,
daß du nicht alleine bist.
Daß du nicht abgetrennt bist von den Menschen,
den Tieren, den Pflanzen und von uns.
Daß du umgeben bist von schützender,
liebender Energie und
daß du ganz genau am richtigen Platz bist,
obwohl dir das vielleicht nicht so erscheint.
Es wird dir Mut geben zu vertrauen in das,
was du vielleicht noch nicht siehst,
aber doch oft spürst.

Ihr habt euch verrannt in der Materie und in die strengen Werte eurer Gesellschaft und habt nicht mehr gehört auf die sanften Liebeswellen des Kosmos. Ihr sehnt euch danach und es ist an der Zeit, dieser Sehnsucht nachzugeben. Es bedarf nur einer Entscheidung und einer Öffnung.

Sanfte Liebeswellen umspülen euch jetzt.
Badet eine Weile darin.
Genießt es.
Gebt euch hin.

Die Aktivierungsbilder

Es war uns sehr wichtig die entsprechenden Abbildungen* der Chakren beizulegen. Seid euch klar darüber, daß die vorliegenden Bilder kein direktes Abbild der Chakren sind! Sie sollen oder können eine Einstimmung sein, damit euch die Arbeit mit den Chakren leichter fällt. Es sind sozusagen Anregungs- oder Aktivierungsbilder. Durch sie kann etwas ausgelöst werden. Laßt ihr die Bilder in Ruhe auf euch einwirken, werdet ihr ihre Wirkung spüren. Jeder, der sich bemüht, wird jedoch mit der Zeit sein eigenes inneres Bild der Chakren bekommen. Vertraut auf diese innere Wahrnehmung und nehmt die vorliegenden Bilder am Anfang als Unterstützung.

Betrachtet ihr die Bilder vor den Meditationsübungen, die wir euch in diesem Buch zu jedem Chakra geben, zur Einstimmung, so leiten sie euch ohne Worte an. Betrachtet ihr sie nacheinander oder breitet ihr sie der Reihe nach aus, so seht ihr das komplette Erscheinungsbild der sieben Stufen der Chakren. Dann habt ihr bildlich vor Augen, wie schön jedes Chakra ist, und ihr seht, daß keines dem anderen vorzuziehen ist. Über das Betrachten kann in euch ganz leicht etwas in Schwingung gebracht werden. Dies geschieht über die Farbfrequenzen und über die Strukturen oder den Aufbau des Bildes, welche mit den jeweiligen Chakren korrespondieren. Die Chakren werden dadurch angeregt in ihrer Ursprungsfrequenz zu schwingen. Sie freuen sich beim Anblick des Bil-

---

* Anm. d. Red.: die Abbildungen der Chakren befinden sich in der Mitte des Buches.

des, es tut ihnen gut. Es ist für sie wie ein nahrhafter Schmaus oder wie Medizin.

Wenn ihr längere Zeit auf die Bilder seht, werdet ihr bemerken, wie sie sich verändern. Vielleicht beginnen sich die Farben zu verändern oder sie fangen an, sich zu drehen und zu pulsieren. Was immer auch geschieht, laßt es einfach zu. Es gibt nichts zu befürchten, was euch beim Betrachten geschehen könnte.

Teil 2
Die Chakren

Das erste Chakra

Wir beginnen der Reihenfolge nach mit dem ersten, dem im Körper am untersten befindlichen Chakra. Es hat seinen Sitz ungefähr am Ende der Wirbelsäule, am Ende des Steißbeins. Ihr könnt es Wurzel- oder Basis-Chakra nennen. Namen gibt es viele, und sie sind nicht allzu wichtig. Wie schon gesagt, die Chakren sind eigentlich Energiewirbel, Energieansammlungen im ersten Energiekörper des Menschen. Dieses Chakra, das Wurzelchakra, dreht sich gemächlich.

Zu eurem Verständnis, wir sprechen hier künftig in unseren Beschreibungen immer von normal funktionierenden Chakren, von einem idealen Zustand. Es gibt Millionen von Variationen der Möglichkeiten, wie ein Chakra noch arbeiten kann, ausgelöst durch tausendundein Ereignis.

In einem idealen, normalen Zustand dreht sich das Wurzel-Chakra gemächlich, aber stetig. Es zieht so auf seine Art Energie in sich ein, zu seinem Nutzen. Der Blütenkelch ist der Erde zugerichtet, öffnet sich zur Erde hin, und die einziehende Energie ist speziell Erdenergie. Es ist nicht nur die kosmische, transformierte Energie, sondern speziell Erdenergie. (Während der Übertragung des Textes vermitteln wir unserer Freundin ein Bild von den Chakren, über die wir sprechen.) Hingebungsvoll öffnet sich dieses Chakra der Erde, wenn es in seiner normalen Schwingung ist. Die Farbfrequenz ist ebenso verbunden mit der Erde und liegt in einem tiefen Rot. Alle Schattierungen sind enthalten, wie Rost, Sierra, Umbra, Rot, eben alle Natur-Rottöne.

Durch die Lage und den Sitz am Körper ergibt sich schon ein bestimmtes Aufgabengebiet für jedes Chakra. Durch seinen Sitz am untersten Ende der Wirbelsäule und seine Öffnungsrichtung nach unten zieht das erste Chakra Energie aus der Erde ein und verbindet so den Menschen mit ihr. Ohne dieses Chakra (und das zweite Chakra) könnte der Mensch nicht in einem Körper auf dem Planeten Erde existieren. Das ist zunächst einmal die Hauptaufgabe, und wie ihr seht, ist es eine sehr wichtige. Dieses Chakra also ist dafür zuständig, den Menschen auf der Erde zu halten. Über dieses Chakra definiert sich der Mensch in dem Satz "Wie fühle ich mich wohl in meinem Körper hier auf diesem Planeten". Ein Mensch mit einem voll entwickelten ersten Chakra fühlt sich wohl hier und liebt die Erde. Er fühlt sich zuhause, geborgen und eingebettet in die Natur. Er beschützt und behütet die Erde und sieht sie als seine Lebensgrundlage für die Möglichkeit seiner Existenz. Diesem Menschen ist diese Einstellung vielleicht nicht einmal mental bewußt, er lebt sie einfach. Er *vertraut* und sieht die Erde und sein Leben darauf als Freund. Ebenso liebt er seinen Körper und kümmert sich um ihn. Er pflegt ihn mit Hingabe und gibt ihm, was er braucht. Basisbedürfnisse wie Essen und Trinken, Schlafen und Wachen stellen für diesen Menschen kein Problem dar, da er ihnen ohne Unausgewogenheit nachgeht. Existenzängste kennt er nicht, da er weiß, daß er getragen wird von der Erde. Auf diese Art zeigt sich ein normal funktionierendes erstes Chakra.

Leider ist es heutzutage so, daß dieses Chakra bei den meisten Menschen aus unterschiedlichsten Gründen sehr schwach ist, ja man kann sagen, fast verklebt ist. Es zieht gerade soviel Energie ein, daß der Mensch in einem Körper existieren kann. Doch daraus entstehen sehr viele Krankheiten. Der heutige Mensch ist geplagt von Krankheiten. Ein Grund, und ein sehr wichiger sogar, hängt mit der Disfunktion des ersten Chakras zusammen. Ist das Zusammenspiel des Menschen mit der Erde gestört, ist alles gestört! Könnte der Mensch ohne die Erde bestehen? Gibt es im Universum noch einmal so einen Planeten mit genau denselben wunderbaren Lebensbedinungen wie hier? Im Moment wird die Erde mißhandelt und mißachtet. Es ist ein Paradox. Der Mensch entzieht sich seiner eigenen Existenzgrundlage durch die systematische Zerstörung der Erde. Die Erde wird losgelöst gesehen vom Menschen, so als ob sie *neben* dem Menschen her existieren würde.

Es herrscht große Ignoranz! Der Mensch lebt *mit* der Erde und ist mit ihr verbunden, hauptsächlich durch das erste Chakra. Aus all diesen Gegebenheiten können wir alleine schon sehen, daß das erste Chakra bei den meisten Menschen nicht in seiner vollen Schwingung sein kann.

Es gibt aber auch Menschen, die große Schwierigkeiten damit haben, in einem Körper inkarniert zu sein. Bei ihnen herrscht nicht Ignoranz der Erde gegenüber vor. Diese Menschen sind sich meist der Schönheit und Einmaligkeit der Erde und ihrer momentanen Zerstörung bewußt. Bei ihnen liegt die Unterfunktion des ersten Chakras darin, daß sie sich mit dem Geschehen nicht identifizieren können, sich fremd und ohnmächtig fühlen auf der Erde. Doch sie sind auch Kinder dieser Erde, und zunächst einmal müssen sie die Bedeutung und Wichtigkeit dieses Chakras verstehen, damit sie wieder Kontakt aufnehmen und zu ihrer vollen Stärke gelangen. Viele dieser Menschen identifizieren sich nur mit ihren höheren Chakren, was bedeutet, daß sie so schnell wie möglich der

Erde entfliehen möchten. Doch wir sagen euch, Freunde, gerade ihr seid hier vonnöten. Wieso wäret ihr sonst gerade jetzt hier auf Erden? Euer Erwachen und eure bewußte Verbindung mit der Erde sind wichtig. Die Erde braucht euch! Über euch können die anderen Menschen zu größerem Bewußtsein gelangen und erwachen aus ihrer Ignoranz. Ihr werdet gebraucht! Der erste Schritt in eine bessere Welt wären kleine alternative Kommunen, die in Harmonie mit ihrem Land leben und arbeiten, so daß die Masse sieht, daß es möglich ist.

Durch die Störung des ersten Chakras wird die Grundlage für viele Krankheiten gelegt. Jedes Chakra ist energetisch verbunden mit bestimmten Organen im physischen Körper. Somit besteht eine direkte Verbindung zum Körper. Ist ein Chakra gestört, hat es direkte Auswirkungen auf das entsprechende Organ. Das erste Chakra ist vor allem verbunden mit den Nieren und Nebennieren. Die Nieren sind das wichtigste Organ für die Entgiftung des menschlichen Körpers. Die Nebennieren sind durch ihre Hormonproduktion die Kontrolleure über die physischen, aktiven Tätigkeiten. Seht ihr den Zusammenhang und das Zusammenspiel? Zwischen den Chakren und den physischen Organen besteht so etwas wie eine Symbiose. Schwingt ein Chakra nicht in seiner ihm eigenen Frequenz, zeigt sich das früher oder später in einer Störung des ihm zugehörigen Organs bzw. der ihm zugehörigen Organe. Ebenso geschieht es aber, wenn ein Organ beschädigt wurde, durch welche Einflüsse auch immer, sei es ein Unfall oder Umwelteinflüße, daß dies auch Auswirkungen auf das Chakra hat und sich auf der psychischen Seite des Menschen zeigt. Doch meistens ist es so, daß der Grundstock für Krankheiten oder auch für Unfälle im ätherischen Bereich liegt. Das heißt, daß ein angeschlagenes Chakra die Vorbedingungen für Krankheiten schafft. Krankheiten wie Ischias, Rheuma, Gelenkerkrankungen hängen mit dem ersten Chakra zusammen, ebenso alle Erkrankungen ab den Hüften zu den Beinen. Will ein Mensch nicht auf der Erde sein, hat er meist keine Energie oder fühlt sich schlapp. Die Nebennieren sind nicht aktionsbereit. Will ein Mensch auf der Erde sein und sein Leben meistern, ist das der erste Schritt in eine positive Richtung und eine Unterstützung für dieses Chakra.

Wie schon einmal erwähnt, die Chakren wollen mit euch in Kontakt kommen. Das klingt in euren Ohren vielleicht etwas komisch und ihr habt ein Lächeln auf den Lippen, aber es ist so. Jedes Organ, jedes Chakra, jedes Atom hat sein Eigenleben, seine eigene Intelligenz, und diese Intelligenz versucht, in Verbindung mit euch zu gelangen, denn ihr seid diejenigen, die sie wieder in ihre Harmonie zurückbringen können. Das wissen sie genau, und sie möchten aus ihrer Unterjochung herausgelangen.

Wir raten euch, die hier vorgeschlagenen Übungen eine nach der anderen zu praktizieren und eure eigenen Erfahrungen zu machen. Wir geben euch ein Konzept an die Hand, das ihr über eine längere Zeit ausprobieren könnt. Ihr bekommt zu jedem Chakra die passende Affirmation, die ihr für eine Woche lang jeden Tag vor dem Einschlafen und direkt nach dem Aufwachen sprecht und in euch wirklich einsinken laßt. Dazu nehmt euch jeweils 15 Minuten Zeit. Sprecht die Affirmation immer wieder. In euch werden wahrscheinlich Bilder und Gefühle zu diesem Thema entstehen, und es ist sehr wichtig für euch, sie anzuschauen und sie nicht wegzudrücken. Laßt alles durch euch fließen was kommt, ohne daß ihr versucht, es zu beurteilen, wegzuschieben oder festzuhalten. Außerdem bekommt ihr eine kleine Meditationsübung, die ihr in dieser Woche einmal am Tag zusätzlich zu den Affirmationen praktiziert. Ihr könnt natürlich auch eine Kurzfassung der Übungen des Buches machen, indem ihr euch jeden Tag einem anderen Chakra widmet. Doch die 1-Woche-Version ist intensiver. Ebenso könnt ihr euch aber auch jedem Chakra drei Wochen lang widmen, was eine intensive Reinigungsphase in euch auslösen wird.

Die 1-Tag-Version ist lediglich ein Hallo-Sagen zum Kennenlernen.
Die 1-Woche-Version ist schon ein Besuch zum Kennenlernen.
Die 3-Wochen-Version ist die Hinwendung und Bereitschaft zur Heilung und Reinigung.

Achtet in dieser Zeit der Übung ganz besonders auf eure Gefühle und Gedanken und ebenso während des Tages, was immer ihr auch tut. Durch die Kontaktaufnahme löst ihr sehr viel in euch aus, sei es Freude oder Trauer. Was auch immer kommen mag, nehmt es dankbar an und seht es als einen ersten Schritt zu eurer Heilung an. Seid euch in dieser Zeit klar darüber, daß ihr ganz bewußt an euch arbeitet und daß die verrücktesten Dinge geschehen können. Blockaden können gelöst werden und es kann geschehen, daß ihr mitten am Tag plötzlich in Gelächter oder auch Weinen ausbrecht, ohne äußeren Grund. Geht ihr die Bereitschaft ein, das Experiment eurer Chakren mitzumachen, so heißen wir euch willkommen. Wir heißen euch natürlich auch willkommen, wenn ihr das Buch nur lesen wollt. Doch wie schon gesagt, wichtig ist die *eigene* Erfahrung. Während der Zeit der Übungen ist es möglich, daß ihr Impulse bekommt, wie ihr besser für das Chakra, das ihr gerade bearbeitet, sorgen könnt, wie ihr es besser nähren und unterstützen könnt oder wie ihr vielleicht manches in eurem Leben verbessern könnt. Schreibt diese Eindrücke direkt nach jeder Übung genau auf. Sie werden euch erinnern, wenn ihr sie vergeßt. Oft sind es sehr wichtige Impulse, die ihr aber, nachdem ihr euch dem normalen Tagesablauf zuwendet, schnell wieder vergessen könntet.

Wählt euch von Anfang an in eurem Zimmer, wenn es euch nicht möglich ist, die Übungen in der Natur zu machen, einen bestimmten Platz aus, an dem ihr sie dann immer praktiziert. Laßt die Übungen zu einer Art Ritual werden und gestaltet die Atmosphäre festlich. Zündet immer eine Kerze, ein Räucherstäbchen oder eine Duftlampe an. Absolute Ruhe ist für euch vonnöten, deswegen seht, daß ihr während dieser Zeit auf keinen Fall gestört werdet. Je stiller es ist, um so mehr könnt ihr euch fallenlassen. Ebenso wäre es vorteilhaft, die Übungen immer zu einer festgelegten Zeit zu machen. Je nachdem wie ihr es euch einrichten könnt, macht sie entweder am frühen Morgen oder bei Sonnenuntergang.

Nun kommen wir zu dem wahrhaft spannenden Teil für euch. Die **Affirmation** für das erste Chakra heißt:

"Ich, (setzt hier euren Name ein), liebe und achte
meinen Körper und gebe ihm alles,
was er braucht.
Ebenso liebe und achte ich die Erde,
die mich trägt und nährt.
Ich liebe mein Leben!"

Die **Meditationsübung**:

Das Idealste für diese Übung ist ein ruhiger Platz in der Natur, wo du nicht gestört wirst. Setze dich direkt auf die Erde in das Gras. Wenn du keinen solchen Platz hast, dann setze dich in deinem Zimmer auf den Boden.

Zu Beginn atme tief durch. Falls du dich noch sehr angespannt fühlst, stehe noch einmal auf und schüttle für eine Zeit deinen gesamten Körper, bis du das Gefühl hast, daß die Spannung größtenteils abgebaut ist. Jetzt setze dich hin, und zwar so, daß dein Gesäß fest auf dem Boden sitzt, so daß du ganz in Kontakt mit der Bodenfläche bist. Das ist sehr wichtig! Atme dreimal tief in deinen Bauch und Brustkorb hinein. Tritt über dein Bewußtsein in Kontakt mit deinem Körper. Laß dies langsam geschehen und laß dich nicht stören von deinen Gedanken.

Widme deine Aufmerksamkeit ganz deinem Körper,
wie er mit verschränkten Beinen sitzt,
wie dein Gesäß Kontakt hat mit dem Boden,
wie dein Bauch sich hebt und senkt
und ebenso dein Brustkorb.
Spüre deine Arme und Hände,
deinen Nacken und Hals,
deinen Kopf.
Fühle, wie die Augen sich entspannen,
wie die Stirn sich glättet,
und wie der Mund sich ein bißchen öffnet.
Dann atmest du tief durch.
Dein Körper sitzt jetzt ganz entspannt.
Deine Aufmerksamkeit ist fokussiert!

Jetzt bist du bereit, in das erste Chakra
einzutauchen.
Gehe mit deiner Aufmerksamkeit an die Stelle
deines Körpers,
die ihr Steißbein nennt oder auch,
wo dein Gesäß die Unterlage berührt.

Entspanne dich noch ein bißchen mehr,
laß dich noch etwas tiefer fallen.
Öffne dich für diese Stelle,
die kein physisches Organ ist,
sondern die eine Energieansammlung
in deinem ersten Energiekörper ist.
Laß die Bilder, die kommen wollen, hochsteigen.
Jetzt visualisiere die Farbe Rot-Braun.
Diese Farbe entsteht vor deinem inneren Auge,
doch bleibe immer auf die Stelle
deines Gesäßes fokussiert.
Vielleicht siehst du ja einen Wirbel,
ein Rad oder einen Blütenkelch.
Wenn nicht, ist das nicht so wichtig.
Bleibe einfach an dieser Stelle und
laß Rot-Braun einfließen.
Die Farbe strömt an diese Stelle ein,
füllt sie auf und fließt durch sie hindurch.

Jetzt wechseln wir die Farbe.
Sie sollte nicht mehr Rot-Braun sein,
sondern ein tiefes, erdiges Rot.
Dieses tiefe Rot fließt ein,
füllt das Chakra auf und aus.
Das ist die Farbe,

die das erste Chakra braucht,
so daß es voll schwingen kann.

Das Chakra freut sich über diese Farbe.
Sie ist für das Chakra das,
was für euch eine heiße Dusche ist.
Sie reinigt und erfrischt es,
gibt neue Kraft und verstärkt das Potential.
Bleibt mit diesem Rot,
solange es für euch angenehm ist.
Vielleicht seht ihr ein Bild von dem Chakra,
doch laßt es einfach entstehen und erzwingt nichts.

Dann verabschiedet euch und
bedankt euch bei eurem ersten Chakra.
Kommt langsam zurück
in euren Körper und
in euer Zimmer.

In Liebe, Sameen.

Das zweite Chakra

Ihr könnt es Sakral- oder Sexual-Chakra nennen. Wir bevorzugen den Namen Sakral-Chakra. Sein Sitz ist zwischen euren Hüftknochen im Unterbauch. Die folgenden Chakren liegen alle auf einer Mittellinie am Körper entlang und öffnen sich alle nach vorne, bis auf das letzte Chakra. Der Blütenkelch des Sakral-Chakras öffnet sich also nach vorne und erstrahlt bei normaler Schwingung in der Farbe Orange. Dieses zweite Chakra ist von seiner Schwingungsfrequenz her schon ganz anders als das erste Chakra, obwohl es eine ähnliche Aufgabe hat. Das Aufgabengebiet dieses Chakras schließt auch den physischen Körper ein. Das erste Chakra regulierte die rein physische, materielle Ebene eines Menschen. Es stellte quasi das Rüstzeug für den Menschen. Ihr könnt es vergleichen mit dem Knochenbau auf physischer Ebene. Das zweite Chakra ist zuständig für die Spannkraft, für die Vitalität, für die Elektrizität des Körpers. Zusammen mit dem ersten Chakra bildet es eine Einhcit, und sie sind stark mit dem Körper verbunden. Eine dazugehörige Aufgabe des zweiten Chakras ist die Regulierung des Geschlechtstriebes und der Fortpflanzung. Ein Mensch mit einem normal schwingenden zweiten Chakra hat einen vitalen kräftigen Körper und einen normal ausgeprägten Geschlechtstrieb. Dieser Mensch definiert sich über den Satz "Wie empfinde ich meinen Körper und wie drücke ich meine Körpergefühle aus". Er akzeptiert seine Sexualität auf normale Art und Weise und sieht sie als einen Teil seines Menschseins und seiner Körperlichkeit an.

Dieses Chakra schwingt bereits schneller und leichter als das erste Chakra und hat bereits mehr Energiewirbel oder man kann sagen, mehr Blütenblätter. Es ist viel leichter größerer und schnellerer Veränderung unterworfen als das erste Chakra. Das zweite Chakra ist auf körperlicher Ebene verbunden mit den Geschlechtsdrüsen des Menschen. Daher auch die enge Verbindung zur Sexualität und daher die schnelle Veränderbarkeit. Jede Frau und jeder Mann erlebt einmal im Monat eine Periode höchster Empfindlichkeit. Bei Frauen ist es offensichtlich mit der Menstruation verbunden. Bei Männern ist es zunächst einmal nicht so ersichtlich, wo der Grund liegt, doch es ist in etwa der gleiche Vorgang. Die Geschlechtsdrüsen und -organe erneuern sich jeden Monat. Sie durchlaufen eine Periode der Erneuerung und damit gehen immer starke Gefühle auf körperlicher und emotionaler Ebene einher.

Ein Mensch mit einem normal funktionierenden Sakral-Chakra ist weder ausschweifend noch unterdrückt in der Ausübung seiner Sexualität. Doch zeigt mir einen Menschen auf dem Planeten, der in dieser Hinsicht normal aufgewachsen ist! Leider sieht es so aus, daß die Sexualität meist unterdrückt wird. Großwerdende Kinder im Alter von 8 Jahren haben bereits sexuelle Gefühle. Jugendliche mit 11 Jahren, meistens Mädchen, sind schon zeugungsfähig, und das Alter sinkt immer mehr. Jugendliche spätestens mit 16 Jahren sind im potentesten Alter. Doch weltweit ist die Sexualität ins schiefe Licht geraten, ist sie moralisiert worden und wird *nicht* gesehen als das, was sie ist. Kinder werden nicht dazu erzogen, ihre Körpergefühle und Empfindungen zu verstehen und ihnen frei zu folgen. Nein, sie werden ihnen sogar verboten und es wird ihnen gesagt, daß es etwas *Schmutziges* ist. Ihnen bleiben Schuldgefühle für normale körperliche Reaktionen. Die Kindererziehung und die Moral, das falsche Verstehen und Einordnen der Sexualität ist Grund für viele Fehlverhalten der Menschen. Oft resultiert daraus eine Überbetonung der Sexualität im erwachsenen Alter, in einem Alter, wo das Ausüben der Sexualität einigermaßen anerkannt ist. Dies treibt seltsame Blüten und Perversionen. Zusammen mit fehlender Liebe oder fehlender Verbindung mit dem Herz-Chakra ist es eine Katastrophe.

Versteht, zunächst einmal haben wir das erste Chakra behandelt, das die Aufgabe übernommen hat, einen Menschen in einem Körper zu halten. Das zweite Chakra verbindet den Menschen auch mit dem Körper, aber bereits auf einer höheren Ebene. Es verleiht dem Menschen Vitalität und verbindet ihn mit seinem Geschlechtstrieb. Soweit sind wir nun in der Reihenfolge der Chakren. Doch es gibt ja noch all die anderen Chakren und ihre Aufgaben. Und sie alle sind miteinander verbunden und verknüpft. So ist es auch mit dem zweitem Chakra und dem vierten Chakra, dem Herz-Chakra, zu dem wir später gelangen. Heutzutage haben viele Menschen Angst, sich in Liebe anderen Menschen zu öffnen, und sind deswegen größtenteils verschlossen und zeigen ihre Empfindungen nicht. Das schließt aber nicht aus, daß sie ihren sexuellen Gefühlen nachgehen. Die Ausübung der Sexualität ohne Verbindung mit dem Herzen hinterläßt die Menschen meist leer und ausgebrannt. Die Sexualität wird dann rein biologisch erlebt und wird dadurch wieder oft abgelehnt, aber man ist trotzdem nicht bereit, sich herzmäßig zu öffnen. Dies ist ein großes Manko des heutigen Menschen. Natürlich gibt es auch das andere Extrem, den sexuell unterdrückten Menschen, der seine Sexualität nicht ausübt. Er ist derjenige, der seine Gefühle tief verschlossen, weit weggeschoben hat. Er hat es sehr schwer, denn die sexuellen Gefühle gehören zum

Körper und sind nicht wegzuleugnen. Sie sind einfach da. Dieser Mensch muß sich befreien aus der Umklammerung der strengen Werte, die er übernommen hat.

All die Auflehnungen gegen Unterdrückung, wie etwa die Frauenrevolte, all die Bücher über sexuelle Aufklärung und Körperstellungen zur größeren Freiheit der Ausdrucksweise in der Sexualität schlagen größtenteils fehl und lehren die Menschen nicht, sie im richtigen Licht zu sehen. Sexualität wird meist losgelöst von allen anderen Teilen des Menschen gesehen. Freie Sexualität wird immer noch gesehen als frei mit jedem Menschen zu schlafen und intim zu werden. Doch das ist nicht "frei". Es ist biologisch. Dies wiederum ist nicht zu beurteilen, doch als das zu sehen, was es ist. "Frei" in der Sexualität ist, sich aus freien Stücken heraus in Übereinstimmung mit seinem Herzen auf körperlicher Ebene mit einem anderen Menschen zu verbinden, um auch diese Ebene miteinander zu teilen. Dann öffnen sich größere höhere Ebenen und das gesamte Chakrensystem wird überflutet mit Energie. Ausübung von Sexualität in Liebe und Respekt mit einem anderen Menschen aktiviert das gesamte Chakrensystem und den Körper. Doch meist bleiben die Menschen nach einem Geschlechtsakt leer zurück, was Folge mangelnder Öffnung auf Herzebene ist. Frei bedeutet, die Sexualität zu sehen als das, was sie ist, und sie nicht überzubetonen oder abzulehnen.

Laßt uns noch einmal repetieren. Die heutige Sexualität ist also etwas auf Irrwege gelangt. Da der Mensch nicht mehr unter normalen Bedingungen aufwächst und lernt, seinen Körper und seine Körperempfindungen zu verstehen und ihnen natürlich nachzugehen, hat das Auswirkungen auf die Annahme der Sexualität in frühester Kindheit. Kinder wachsen auf mit dem Eindruck, daß manche Reaktionen des Körpers falsch und schlecht sind. Im Erwachsenenalter sollen oder dürfen oder müssen sie sich sogar sozusagen sexuell normal verhalten. Einige Gesellschaftsformen empören sich heutzutage immer noch über Homosexualität unter Männern oder über die lesbische Liebe. Von unserer Sicht aus ist dies völlig lächerlich und für uns mit dem Bild von Menschen zu vergleichen, die ein Feuer anzünden, immer mehr Holz hineinschmeißen und sich dann empören, daß es so heiß ist! Diese moralisch Empörten sind lächerlich und haben ihren eigenen Teil dazu getan, daß es so um die Menschen steht. Der Mensch *ist verwirrt* in bezug auf die Sexualität, weil ganz früh, also in seiner Kindheit, bereits der Grundstock für die Verwirrung seiner Gefühle gelegt wurde. Als Kind empfand er sexuelle Gefühle, was ein natürlicher Körpervorgang ist, da sein Körper heranreifte. Er erlebte aber aus den Reaktionen seiner Eltern, daß sie nicht darüber sprechen wollten, daß es ihnen peinlich war oder sogar dem Kind verboten, darüber zu sprechen. Das Kind lernte die Gefühle zu verleugnen, heimlich zu befriedigen oder sie völlig zu unterdrücken, was aber fast keinem in diesem Alter gelingt. Die Verwirrung ist perfekt. Es hat somit keinen Menschen, der ihn auf natürliche Weise über seinen Körper und seine Reaktionen aufklärt. Somit kann das Kind nicht verstehen, daß die sexuellen Empfindungen biologisch bedingt sind und wie es damit umzugehen hat. Der nächste wichtige Punkt der Aufklärung fällt ebenfalls völlig weg, nämlich, daß eine erfüllte Sexualität immer mit Liebe und Respekt verknüpft ist. Wir haben dies alles noch einmal wiederholt, da es so extrem wichtig ist und auf der heutigen Welt Sexualität völlig auf Abwege gelangt ist.

Frei bedeutet, daß Sexualität ein Teil des Menschseins und der Körperlichkeit ist und daß sie, verbunden mit Liebe und Respekt, zu größerer Einheit mit sich selbst führen kann. Sie kann zu *einem* Mittel werden, um seine Frequenz und die des Partners auf Dauer zu erhöhen, wenn sie als Meditation angewandt wird. Tantra als ein Weg zur Erleuchtung. Jeder muß seinen eigenen Weg zur Selbstvervollkommnung finden, und es gibt sehr viele Wege! Es gab auch immer Religionsgruppen, die im Zölibat lebten. Unter diesen Gruppierungen gab es erfolgreiche und weniger erfolgreiche Gruppen. Zu den erfolgreichen zählen wir diejenigen, die um die Chakren wußten und um die Möglichkeit, die sexuelle Energie hochzuleiten durch das gesamte Chakrensystem. Es ist ein anderer Vorgang als bei dem Geschlechtsakt, bei dem das Chakra stark aktiviert wird und überschüssige Energie in das Chakrensystem verströmt. Bei der bewußten Hochleitung der Energie aus dem zweiten Chakra, was bei Tantra passiert, wird die Eigenfrequenz bewußt weitergeleitet, und nach und nach werden die anderen Chakren angeregt, höher zu schwingen. Bei einem normalen Geschlechtsakt werden die Chakren eher überflutet. Nur Religionsgruppen, die um diese Dinge wußten, zählen wir zu den erfolgreichen zölibaten Gruppen. Andere Gruppierungen, die sich nicht aus diesem Wissen heraus für das Zölibat entschlossen haben, hatten keinen Schlüssel an der Hand, wie sie mit dieser Körperenergie umgehen konnten. Dadurch floß viel ihrer Energie in den inneren Kampf, mit dieser Energie fertig zu werden. Welche Verschwendung!

Störungen des zweiten Chakras zeigen sich auf körperlicher Ebene natürlich in allen Krankheiten im Unterbauch, wie Geschlechtskrankheiten, Frauenkrankheiten, Impotenz, Blasenkrankheiten und wie sie alle heißen. Es gibt unzählige davon. Störungen äußern sich auch in mangelnder Vitalität und Spannkraft des Körpers und ebenso in Depressionen.

Auf eine Störung möchten wir jedoch speziell eingehen. Diese Krankheit wird AIDS genannt. Sie hat einen enormen Einzug in die Weltbevölkerung genommen und rafft ganze Völker dahin. Über die Herkunft von AIDS möchten wir hier nicht näher eingehen, denn die Geschichte zu erzählen, wie AIDS entstand, wäre Stoff für ein ganzes Buch. Nur kurz, AIDS ist eine vom Menschen erfundene, hergestellte Krankheit, und ich frage euch, sind es nicht alle? Der Mensch erzeugt alle Krankheiten, sei es durch psychische Störungen oder durch vom Menschen erzeugte schädigende Umwelteinflüsse. Der Mensch allgemein hat sich verrannt in Dinge wie Wut oder Machtinteressen, und die Ausmaße davon sind dramatisch. Nur der Mensch allein kann dies ändern durch Einsicht, Liebe und Hingabe. AIDS ist also eine neu erzeugte Krankheit, die sich am schnellsten verbreitet in sexuell geschädigten Gruppen. Sie verbreitet sich rasend schnell in Gruppen, die Sexualität nicht im richtigen Licht sehen. Homosexuelle Gruppen, Entwicklungsländer mit mangelnder Aufklärung, Länder mit dem sogenannten Sex-Tourismus sind dieser Krankheit völlig ausgeliefert. Betrachtet diese Gruppen näher unter dem Aspekt des vorher Gesagten über Sexualität. Unter der Gruppierung homosexueller Männer gibt es einen enorm hohen Wechsel im Austausch von Intimitäten. Diese Gruppe ist gleichzeitig angeschlagen durch die moralische Empörung der Gesellschaft ihnen gegenüber, besonders in den USA, der Schweiz und allen katholischen Ländern. In allen Entwicklungsländern gibt es so gut wie keine Aufklärung, und die große Armut tut den Rest zum Drama. Einsatz der Sexualität im Kampf gegen die Armut hat katastrophale Folgen und ist fast nicht zu unterbinden. Die Menschen stehen dort vor der Entscheidung, sterben in Armut oder sterben mit AIDS. Sie sind völlig hoffnungslos. Alle aufgeführten Gruppierungen setzen Sexualität ein zur Befriedigung des biologischen Triebes. Es ist ein rein biologischer Akt, und alle anderen Ebenen des Menschen werden ausgeschlossen. Diese Krankheit ist nun in alle Gesellschaftsgruppen hineingelangt.

Nur wenn die Menschheit *insgesamt* den Sprung auf die Herzebene wagt, wird diese Krankheit *erkannt* werden und verschwinden. Nur wenn die Menschheit ihr Herz-Chakra öffnet, wird AIDS verschwinden und ein Gegenmittel entdeckt oder preisgegeben werden. In diesem Sprung liegt das Geheimnis. Einerseits werden die medizinischen Forscher die Mittel eröffnen. Andererseits wird Sexualität von den Menschen neu erlebt werden und sexuelle Ausbeutung anderer wird nicht mehr möglich sein. Zusätzlich werden neue Ressourcen des Körpers durch die Aktivierung des Herz-Chakras in Gang gesetzt, die die Menschen gegen solche Krankheiten früher oder später immun machen. Teile des Körpers sind den Ärzten immer noch ein Rätsel und werden nicht verstanden. Ärzte heutzutage haben nur ein eindimensionales Wissen vom Körper und seinen Funktionen. Deswegen ihre hohe Fehlerquote. Doch es kommt daher, daß sie auf ihrer eindimensionalen Sicht bestehen und beharren. Sie weigern sich, die Vieldimensionalität anzuerkennen und stekken lieber viele Mißerfolge ein. Welch ein Leid für die Menschheit! Nun, diese eindimensional sehenden Ärzte können sich bestimmte Organe nicht erklären. Erst wenn sie sich öffnen für die vielen Ebenen, erst wenn sie in die Schule zur Erlernung des Unsichtbaren gehen und dort studieren, werden ihnen viele Schleier vor den Augen gelüftet. Wir sind dafür, daß überall auf der Welt Schulen errichtet werden zur Erlernung des Unsichtbaren, damit die Wende für die Menschheit unweigerlich eingeleitet wird.

Die **Affirmation** für das zweite Chakra lautet:

"Ich,..., habe einen gesunden und vitalen Körper.
In Übereinstimmung mit meinem Herzen lebe
ich auf harmonische Art meine Sexualität."

Die **Meditationübung**:

Wenn es dir möglich ist, begib dich an einen sanft plätschernden Gebirgsfluß und mache dort die Übung. Das Lied des Flusses wird vom zweiten Chakra erkannt und aufgenommen. Ansonsten mache die Übung wieder zu Hause auf dem Boden.

Wie beim letzten Mal, schüttle zuerst einmal kräftig deinen Körper aus, um Spannungen abzubauen. Je entspannter du schon am Beginn dieser Übung bist, um so leichter wird sie geschehen. Dann setze dich auf den Boden und nimm wieder Kontakt über dein Bewußtsein mit deinem Körper auf.

Du fühlst, wie du mit deinem Gesäß
fest auf dem Boden sitzt und
dich durch den Boden
mit der Erde verbindest.

Fühle deine verschränkten Beine
und deine Füße.

Fühle, wie sie durch deine Aufmerksamkeit
mit Energie durchströmt werden.
Laß Energie in deinen gesamten
unteren Körperbereich eindringen.
Dann widme dich deinem Unterbauch,
fühle, wie er sich sanft hebt und
senkt durch deine gleichmäßige Atmung.
Strecke dein Rückgrat,
so daß es ganz gerade ist,
und belebe es auch
mit deiner Aufmerksamkeit.
Jetzt ist es Zeit
für den Brustkorb.
Energie flutet ein
und füllt ihn aus.
Er kann besser und leichter
Luft aufnehmen.
Die Atmung ist tief und doch sanft.
Deine Schultern und dein Nacken
entspannen sich
und geben jetzt Energie
an die Arme und Hände ab.
Es bleibt nur noch dem Kopf übrig,
sich ganz an die Harmonie
des Augenblicks hinzugeben.
Die Kopfhaut entspannt sich bis
in die letzte Wurzel hinein.
Die Stirn glättet sich,
die Augen- und Mundpartie läßt los
von einer letzten Anspannung.

Sanfte Energie füllt den ganzen Körper aus!

Deine Aufmerksamkeit ist
in höchster Bereitschaft und
geht auf eine neue Entdeckungsreise
hinunter in die Mitte des Unterbauches,
in etwa der Höhe deiner Hüftknochen,
nur noch ein kleines bißchen tiefer.

Du findest den Platz
dieser Energieansammlung
leicht und mühelos.
Nimm Kontakt auf und sage "Hallo".
Begrüße das Chakra.
Dann schenke ihm ein
tiefes Orange-Rot.
Laß die Farbe einfließen
und das Chakra damit überfluten.
Stell dir vor, wie das Chakra
diese Farbe fast begierig aufnimmt.
Laß dir Zeit mit dieser Übung.

Vielleicht passiert es,
daß du das Bild des Chakras siehst
oder einen Eindruck von ihm bekommst.
Laß alles geschehen, was kommen mag.
Vielleicht ziehen auch zurückliegende
Ereignisse an deinem inneren Auge vorbei.
Laß auch sie zu,
aber laß sie vorbeiziehen,
halte sie nicht krampfhaft fest.
Das Wichtigste ist, die Farbe
weiter einfließen zu lassen, so lange,
bis das Chakra völlig aufgefüllt ist

und die Farbe weiter hindurchfließt.
So, als ob du in einem Gebirgsfluß liegst.
Er umspült dich so lange, bis
er dich völlig gereinigt hat und auf sanfte Weise
den Staub weggespült hat.

Jetzt, da das Chakra gereinigt ist,
stelle dir ein klares, strahlendes Orange vor.
Orange fließt in das Chakra ein
und füllt es auf.
Das Chakra freut sich,
Orange ist seine ihm eigene Farbfrequenz.
Es ißt und trinkt an dieser Farbe.
Ein klares Orange erfüllt das Chakra
und bringt es in seine Frequenz.
Je mehr Orange du einfließen läßt,
um so mehr erhöhst du die Frequenz,
um so mehr wird das Chakra erfrischt.
Doch gehe ganz nach deinem eigenen
inneren Maßstab.

Ein klares Orange
läßt das Chakra aufatmen
und befreit es von Anspannung.
Es ist zu Hause in Orange.
Bleibe so lange in Kontakt
mit dem Chakra und der Farbe,
wie es sich für dich angenehm anfühlt.
Wenn du dich für die Sprache
des Chakras öffnest,
wirst du hören,
wie dankbar es für dieses Geschenk ist.

Dann verabschiede und bedanke dich
bei dem Chakra für die
bisher geleistete Arbeit
und für all die Mühen.
Sprich mit ihm,
wenn du es hörst.
Kehre zurück in
deinen gesamten Körper
und in dein Zimmer.

In Liebe, Sameen. Wir begleiten euch.

Das dritte Chakra

Ihr könnt es Solarplexus-Chakra nennen, und es liegt genau an der Stelle eures Körpers, die so genannt wird. Sie befindet sich oberhalb eures Nabels zwischen den auslaufenden Rippenbögen. Dieses Chakra liegt auf der besagten Mittellinie, öffnet sich nach vorne und zieht Energie aus dem Kosmos und der Sonne ein. Wir befinden uns mit dem dritten Chakra bereits in einer neuen Abteilung der Chakren. Jedes Chakra ist anders, sieht anders aus, schwingt anders. Je höher wir gelangen, umso mehr Blütenblätter hat das jeweilige Chakra, und es hat die Möglichkeit, schneller zu schwingen und so mehr Energie für sich einzuziehen. Durch die höhere Anzahl der Blütenblätter kann mehr Energie aufgenommen werden. Es wird aber auch mehr Energie benötigt, damit das Chakra in Schwingung kommt. Das Solarplexus-Chakra schwingt schneller als das erste und zweite Chakra und kann sich auch von Minute zu Minute verändern. Es steht stark mit der Sonne in Verbindung, durch die es aktiviert wird. Ein normal schwingendes drittes Chakra sieht aus wie eine ausstrahlende Sonne, wie eine goldgelbe leuchtende Scheibe, aus der feurige Strahlen fallen. Die zu diesem Chakra gehörige Farbfrequenz ist ein reines, warmes Gelb. Das Gelb eines Citrins ist ihm entsprechend, obwohl auch Schattierungen, wie orange und rot an den Außenenden und an den Strahlen dieses Chakras dazugehören. Durch das Solarplexus-Chakra ist der Mensch auch wieder verbunden mit der Erde, diesmal über die Sonne. Durch das erste und zweite Chakra ist der Mensch direkt mit der Erde verbunden, und durch das dritte Chakra haben wir eine weitere Verankerung des Menschen auf der Erde durch die Sonne.

Über dieses Chakra strahlt der Mensch nun nach außen aus, beeinflußt er seine Umgebung, setzt er sich mit anderen Wesen in Verbindung und zeigt sich, wie er ist. Ein Mensch mit einem normal schwingenden Solarplexus-Chakra ist ein aufrechter, ehrlicher Mensch, der unbehindert seinen Weg geht, was immer auch kommen mag, welche Hindernisse sich ihm auch in den Weg stellen. Er weiß, was er will und steht dazu. Er ändert aber auch die Richtung, wenn er sieht, daß sich ein Weg nicht als richtig zeigt. Bei allem, was er tut, hat er eine natürliche Autorität und ist dabei nie verletzend. Er geht seinen Weg *nicht* auf Kosten anderer, oder über Leichen, so wie ihr es ausdrückt. Er strahlt eine natürliche, ihm eigene Würde aus, da er sie in sich trägt. Er schwächt sich nicht durch Selbstzweifel oder verleugnet seine Gefühle. Er steht zu ihnen. Das dritte Chakra ist stark verbunden mit der Gefühlswelt, der emotionalen Ebene des Menschen. Hat ein Mensch ein normal schwingendes drittes Chakra, ist er in Verbindung mit seinen Emotionen, akzeptiert sie, und ist im reinen mit ihnen. Fühlt dieser Mensch Trauer, so ist er traurig, ist er voller Freude, so freut er sich. Nichts wird abgelehnt oder als besser oder schlechter beurteilt. Ihr könnt euch vorstellen, daß dieser Mensch, egal in welcher Stimmung er gerade ist, eine starke Ausstrahlung auf seine Mitmenschen hat. Er versteht und akzeptiert die Gefühle anderer, da er seine eigenen Gefühle kennt und akzeptiert. Seine Mitmenschen fühlen sich meist stark von diesem Menschen angezogen oder sind fasziniert von ihm. Meist hat er eine Führerposition inne oder wird zum Sprecher ernannt. Dies ist der Idealzustand eines dritten Chakras. Da das Solarplexus-Chakra mit natürlicher Würde und Autorität und mit Gefühlen und Emotionen zu tun hat, ist es sehr sensibel. Das Chakra hat mit natürlicher Macht zu tun, die jeder Mensch ausstrahlt, der stark ist. Macht ist generell nicht negativ, es kommt nur darauf an, wie man sie einsetzt. Nutzt man sie zum eigenen Wohle und zum Nachteil der Mitmenschen oder ist das eigene Wohl identisch mit dem Wohle der Mitmenschen?

Dieses Chakra ist auch die Speicherstätte vieler unterdrückter Emotionen und Ängste aus allen Leben. Ungelebte Emotionen setzen sich am liebsten an dieser Stelle ab. Es ist sozusagen ihr liebster Lagerplatz. Jeder von euch ist schon einmal auf emotionaler Ebene verletzt worden. Überlegt jetzt einmal, wie ihr generell auf Verletzungen reagiert!? Versucht ihr euch zu verteidigen, versucht ihr euch sofort zurückzuziehen oder fragt ihr die Person, warum sie versucht, euch zu verletzen, was ihr Motiv dafür ist. Verteidigung ist Überreaktion, Rückzug ist Unterdrückung, und Fragen nach dem Grund ist zunächst einmal natürlich. Was ist euer Schema, das ihr euch im Laufe der Zeit zugelegt habt? Schaut einmal genau hin, ihr könnt viel über euch lernen auf diesem Weg.

Jeder von euch hat sich im Laufe der Jahrzehnte bestimmte Verhaltensmuster erschaffen. Sie entstanden meist aus unterdrückten, nicht verstandenen oder nicht akzeptierten Emotionen, die aus Streßsituationen jeglicher Art resultieren. In wiederkehrenden, ähnlichen Situationen rastet dieses Verhaltensmuster unwiderruflich ein. Es ist fast nichts dagegen zu machen, solange man sich nicht klar wird über ihren Ursprung. In diesen Augenblicken seid ihr zu vergleichen mit Robotern. Die Situation kann nicht mehr wertneutral gesehen werden. Situation A ist eingetreten, was Reaktion B auslöst, immer und immer wieder! Es ist wie bei einem Computerprogramm. Der Mensch kreist so ständig, und es muß zunächst einmal der Wunsch in ihm entstehen, diesen Kreis zu durchbrechen. Das kann nur durch Einsicht, durch wirkliche *Innenschau* geschehen. Die unterdrückten, zurückgehaltenen Emotionen bilden Ansammlungen im Emotionalkörper und im dritten Chakra. Sie bedingen unter anderem, daß das Chakra in der einen oder anderen Art und Weise nicht richtig harmonisch schwingt. Sie bewirken, daß es zu langsam oder zu schnell schwingt, oder daß es vielleicht ganz verdreht ist.

In euch wird die Frage entstehen, wie ihr merken und erkennen sollt, wie eure Chakren oder die der anderen Menschen schwingen? Eine genaue Definition und eine klare Sicht der Chakren ist eine sehr sensible Aufgabe und erfordert sehr viel Einfühlungsvermögen und Gespür. Zunächst einmal ist es wichtig, euch selbst zu reinigen und zu harmonisieren. Die Farbübungen und die Affirmationen bringen die Chakren auf sanfte Weise in ihre Harmonie zurück, egal ob sie zu langsam oder zu schnell rotieren. Farbübungen haben eine harmonisierende Wirkung in beide Richtungen, da sie mit der jeweiligen Ursprungsfrequenz arbeiten. Natürlich gibt es auch Farben, die eine anregende und eine beruhigende Wirkung auf die Chakren haben. Aber damit wollen wir zunächst nicht arbeiten. Zunächst wollen wir eure Chakren in eine ihnen eigene harmonische Frequenz bringen. Wir wollen sie zurückversetzen in ihren natürlichen Zustand. Schwingt das Chakra nicht in seiner harmonischen Frequenz, ist ein Teil des Menschen gestört, was wiederum Auswirkungen auf *alle* anderen Teile hat (erinnert euch an das universelle Gesetz des Zusammenspiels von allem). Schwingt das Solarplexus-Chakra nicht harmonisch, sehen die Auswirkungen folgendermaßen aus. Entweder traut sich ein Mensch nicht, seine natürliche Autorität zu leben, oder er spielt sie aus. Beides kommt in der momentanen Gesellschaft häufig vor. Dadurch entsteht das Spiel von *Täter* und *Opfer*, das ihr bestimmt kennt.

Das *Täterspiel* entsteht, wenn ein Mensch ein stark schwingendes Solarplexus-Chakra hat. Dieser Mensch verfügt über sehr viel Energie und Willen. Er setzt seine gesamte Energie und Macht ein, seine Interessen durchzusetzen. Dabei geht er oft über die Interessen seiner Mitmenschen hinweg. Er macht sich blind gegenüber ihren Gefühlen. Das resultiert aber wiederum daraus, daß er nur einen Teil seiner Gefühlswelt lebt und akzeptiert, nämlich den männlichen, fordernden, tuenden Aspekt. Den weiblichen, rezeptiven Aspekt seiner Gefühlswelt lehnt er ab, beurteilt ihn als schwach. Er nimmt sich selbst hart heran und schenkt sich keine Atempause. Er ist ein *Macher*, der keine Ruhe geniessen kann. Immer und überall versucht er, alles unter seine Kontrolle zu bringen.

Das *Opferspiel* entsteht, wenn ein Mensch Angst davor hat, ins Rampenlicht der Bühne des Lebens zu treten, zu agieren, sich zu zeigen, wie er ist. Dieser Mensch hat Angst vor den anderen Menschen und stuft sich gerne als minderwertig und klein ein. Er traut sich nichts zu und will eigentlich zu keiner Zeit Verantwortung übernehmen. Nein, er gibt sie lieber in Hände ab, die er für stärker hält. Er stuft sich als niedriger ein, der Täter-Mensch stuft sich als höher ein. Somit passen Täter und Opfer vorzüglich zusammen. Sie kreieren so ein Spiel, einen Kreislauf. Natürlich gibt es tausende von Variationsarten dieser Rollen. Jede Rolle wurde selbst von den Menschen erschaffen und freiwillig übernommen, so abwegig es euch manchmal erscheinen mag. Zunächst einmal gilt es für beide Gruppen zu erkennen, warum sie sich diese Rollen gewählt haben und was die Ursache dafür war. Ein Aufwand an Bewußtseinsarbeit und Klärung ist nötig. Ein starkes *Wollen*, diesen Teufelskreis zu durchbrechen, ist unbedingt nötig. Sonst passiert nichts. Diese alten, eingefahrenen Verhaltensmuster sind meist tief verankert, da man sich viele Leben damit identifiziert hat. Sie führen quasi ihr Eigenleben. Besonders bei diesem Chakra ist es wichtig, daß ihr intensiv mit der vorgeschlagenen Affirmation arbeitet und daß ihr euch genau die Bilder und Gefühle, die dabei entstehen, anschaut. Daß ihr zurückgeht in eure Muster und Vergangenheit und lernt, sie zu verstehen und zu akzeptieren. Die Farb-Meditationsübung wird helfen, alte Schlacken aus dem Chakra zu spülen.

Noch etwas ist zu diesem Chakra hinzuzufügen. Bei ihm ist es genauso wie bei dem zweitem Chakra. Nur wenn es in Verbindung mit dem vierten Chakra, dem Herz-Chakra steht, ist gewährleistet, daß die eigene Autorität nicht mißbraucht wird. Oft kommt es deswegen vor, daß Menschen, die ihr drittes Chakra lange Zeit unterdrückt haben und plötzlich eine Befreiung erleben, über das Ziel hinausschießen und nun selbst beginnen, andere zu manipulieren. Sie gehen von einem Extrem ins andere. Nur wenn das dritte Chakra in Verbindung steht mit dem vierten Chakra, besteht wahre Harmonie, wahre Autorität, gekoppelt mit Liebe für die Mitmenschen.

Das Solarplexus-Chakra steht auf körperlicher Ebene mit der Bauchspeicheldrüse und dem gesamten Bauchbereich in Verbindung. Störungen zeigen sich deswegen vor allem in Magen-, Leber- und Gallebeschwerden. Es ist ja schon bekannt, daß Magen, Leber und Galle Emotionszustände spiegeln. Euch läuft eine Laus über die Leber oder die Galle läuft euch über, d.h. ihr seid wütend. Stimmt es nicht? Der Magen ist ebenso ein sensibelstes Barometer eurer Gefühle. Unverarbeitete Konflikte werden gern in der Leber abgespeichert und zeigen sich dann nach Jahren in Krebs. Überhaupt ist Krebs ein Ausdruck abgespeicherter, ungelöster Konflikte. Je nachdem, an welcher Stelle er vorkommt, ist er danach einzuordnen.

Die **Affirmation** für das dritte Chakra lautet:

"Ich,..., lebe auf natürliche Art und Weise
meine mir eigene Autorität und Stärke."

Die **Meditationsübung**:

Das Idealste für diese Übung wäre, wenn ihr euch an einem sonnigen Tag in eine Wiese legen könntet, und zwar so, daß euer Körper geschützt im Schatten und nicht direkter Sonne ausgesetzt ist. Wenn das nicht möglich ist, dann legt euch in euer Zimmer auf den Boden.

Bevor ihr beginnt, schüttelt zunächst einmal euren gesamten Körper kräftig aus. Je mehr der Körper vor der Übung entspannt wird, umso leichter wird euch diese Übung von der Hand gehen. Ihr habt es bestimmt schon selbst gemerkt.

Legt euch dann auf den Boden.
Falls ihr im Freien seid,
spürt genau die Erde unter euch.
Wenn ihr im Zimmer seid,
stellt euch vor, ihr liegt im Freien
und die Sonne scheint.
Geht noch einmal mit eurer Aufmerksamkeit
durch euren Körper.

Fangt damit an den Füßen an.
Spürt, wie sie sich entspannen
und wohlig warm sind.
Laßt diese Wärme langsam in
eure Waden und Oberschenkel hochwandern.
Alle Muskeln dort entspannen sich
und werden weich.
Die Wärme steigt weiter hoch
in euer Gesäß und euren Unterbauch
und füllt diesen Teil ganz aus.
Ihr könnt jetzt bis hinunter
in euren Bauch
leicht und frei atmen.
Vielleicht stoßt ihr ja einen
kleinen Entspannungsseufzer aus.

Ihr fühlt die Wärme des Tages,
die übergeht in euren Körper
und ihn ebenfalls entspannt.
Weiter klettert ihr hoch mit
eurer Aufmerksamkeit
und fühlt die Wärme jetzt
über euren Nabel in den
oberen Bauch und Brustkorb hochsteigen.
Alles entspannt sich, läßt los,
atmet tief und gleichmäßig.
Der Brustkorb kann leicht die Luft
aufnehmen und abgeben.
Die Wärme strömt jetzt
in die Arme und Hände,
bis vor in alle Fingerspitzen.
Der Körper freut sich und

sendet dir Signale der Dankbarkeit.
Jetzt fehlt nur noch der Kopf.
Langsam steigt die Wärme hoch
über den Rücken und den Nacken,
die Muskeln lassen dort
die letzten Anspannungen los.
Die Kopfhaut und die Stirn glätten sich,
das ganze Gesicht wird erfüllt
mit wohliger Wärme.

Jetzt seid ihr bereit,
das dritte Chakra zu entdecken.
Je tiefer ihr entspannt seid,
um so leichter wird es euch fallen,
seinen Platz mit
eurer Sensibilität zu erfühlen.
Geht jetzt mit eurer Aufmerksamkeit
oberhalb eures Nabels,
in die Mitte zwischen eure
auslaufenden Rippenbögen.
Fühlt die Energie, die ihr dort vorfindet
und laßt ganz langsam
ein warmes Honig-Gelb,
so wie es bei einem Bernstein
vorkommt, einfließen.
Fühlt, wie diese Farbe
langsam in diesen Platz
einströmt und ihn ausfüllt.
Zu gleicher Zeit fühlt auch die Sonne,
den warmen Tag,
egal, ob ihr wirklich
draußen seid oder nicht.

Seid mit diesem Honig-Gelb verbunden.
Laßt euch Zeit mit
dem ersten Teil der Übung.

Dann, wenn ihr fühlt,
daß ihr weiterfahren könnt,
stellt euch ein helles, strahlendes Gelb vor.
Laßt diese Farbe in das Chakra
einfließen und es auffüllen.
Vielleicht spürt ihr,
wie sich in euch etwas
durch die Farbe verändert.
Vielleicht spürt ihr mehr die Stelle,
oder ihr seht ein Bild dieses Chakras.
Das Chakra freut sich auf alle Fälle
über dieses Geschenk der Farbe.
Es atmet auf und kommt
langsam in seine Ursprungsfrequenz.
Dieses helle Gelb ist
identisch mit der Sonne.
Es verkörpert die Sonnenenergie,
die das dritte Chakra belebt und aktiviert.
Anstatt des Gelbs könnt ihr
euch auch vorstellen, wie Sonnenenergie
in diesen Platz einfließt.
Das Chakra rotiert stetig und gleichmäßig,
es kommt in seinen eigenen Rhythmus,
in seinen Ursprungszustand.
Es freut sich und ist dir dankbar.
So kann es entspannen
und alte Konflikte oder Blockaden
durch die Farbe auflösen und absondern.

Bleibe so lange mit dem Chakra und der Farbe,
wie es sich für dich gut anfühlt.
Dann bedanke und verabschiede dich.
Komme langsam in deinen gesamten Körper
und an den Platz zurück,
an dem du dich befindest.

In Liebe, Sameen. Wir bedanken uns.

Das vierte Chakra

Ihr könnt es Herz-Chakra nennen. Es liegt in der Mitte eures Brustkorbs, in Höhe des physischen Herzens. Wie alle vorherigen Chakren, öffnet es sich nach vorne. Die Frequenz ist wieder einzigartig, und wir finden wieder mehr Blütenblätter vor. Wir sehen das Bild eines weit geöffneten Blütenkelches vor uns. Dieses Chakra ist ein besonders wichtiges, wie ihr aus den anderen Kapiteln teilweise schon erfahren habt. Es hat eine Schlüsselfunktion für den heutigen Menschen. Die Ursprungsfarbfrequenz des Chakras ist ein tiefes Blau, das alle Abstufungen dieser Farbe beinhaltet. Es ist wie eine Blume, deren Blütenblätter im Inneren tiefblau sind und nach außen hin immer mehr in einem hellem Blau erstrahlen. Die Farben umfassen die ganze Palette von einem tiefen Blau bis zu einem ganz hellen zarten Blau und auch Türkis. Die Farbpalette ist zu vergleichen mit dem Meer, das alle Abstufungen von Blau kennt und das an der Küste oft in einem hellen Blau-Türkis funkelt. Es ist ein wunderbarer Anblick.

Ein Mensch mit einem normal schwingenden vierten Chakra wird bei euch oft ein Mensch mit einem großen Herzen genannt. Normal ist, daß alle Chakren geöffnet sind, doch leider ist das heutzutage nicht immer und bei jedem so. Der Normalzustand des vierten Chakras ist weit geöffnet und zeigt sich in Liebe für alles. Alles bedeutet, man liebt sich selbst und alle anderen Wesen, egal welcher Herkunft. Das Wort Wesen schließt auch Tiere und die Natur mit ein, eben alles, was euch umgibt. Ein Mensch mit einem geöffneten Herz-Chakra begegnet allen Wesen zunächst einmal mit Liebe und Respekt, auch wenn er sie nicht versteht oder sie einen anderen Lebensstil haben. In ihm ist eine tiefe Achtung für alles Leben. Dieser Mensch ist nicht schwer zu erklären, denn er ist in all seinen Taten sehr einfach. Er ist nicht verstrickt in irgendwelchen Verschleierungsaktionen seiner selbst. Er *sieht* alles mit dem Herzen im Lichte der Liebe. Dieser Mensch hat bereits einen sehr wichtigen Schritt getan, denn er ist über die Begrenzung des eigenen beschränkten Kreises des "Ichs" hinausgeschritten. Er hat seine Augen geöffnet und gesehen, daß um ihm herum genauso Wesen wie er sind, mit genau denselben Bedürfnissen nach Liebe, Achtung und Respekt, und er ist bereit, ihnen dies entgegenzubringen. Er erfährt auf dieser Ebene der Chakren das erste Mal die Einheit, das Zusammensein von allem. Er spürt, daß alles eine Einheit ist, und daß es erst einmal keine Unterschiede gibt zwischen den Menschen. Er sieht das erste Mal, daß alles miteinander verbunden ist. Diese Erfahrung ist ein überwältigendes Erlebnis und verändert alles von Grund auf. Die Veränderung geschieht vielleicht langsam, aber allein eine einmalige Erfahrung von Einheit ist nie mehr zu vergessen. Für diesen Menschen ist es nicht mehr möglich, Menschen nach Hautfarbe, Religion, Beruf, Klassenstand, höher oder niedriger einzuordnen. Er sieht, daß jedes Wesen seine eigene Aufgabe, Berechtigung und Qualität hat, die alle zur Vielfalt der Erde beitragen. Ein Erkennungszeichen ist ebenso, daß dieser Mensch gibt. Er verströmt konstant ein Aroma von Liebe. Mal mehr, mal weniger. Seine Grundeinstellung ist, zu geben, zu unterstützen und auch zu empfangen. Aber sein Hauptmotiv ist *nicht* zu geben, um etwas zu bekommen. Er ist bereit, Dinge zu tun, wo er in erster Linie zunächst einmal nichts zurückbekommt, die aber für das Gemeinwohl oder für das Wohl einzelner, geliebter Menschen sind. In gewisser Weise kann man sagen, er ist selbstlos. Da er sich meistens auf einer anderen Ebene als seine Mitmenschen befindet, weiß er, daß er nicht soviel zurückerwarten kann, wie er gibt. Dies muß kein bewußtes Wissen in ihm sein, ja, er ist sich dessen sogar meist unbewußt.

Dieses Chakra hat eine wichtige Funktion für die anderen Chakren. Liebe und Respekt ist ein Grundbedürfnis der Menschen. Ohne Liebe verkümmert der Mensch innerlich und manchmal sogar äußerlich. Sind seine Taten nicht durchtränkt mit Liebe, können sie sich oft grausam äußern. Ihr könnt es sehen an euren Kriegen, am ständigen Aufflammen und Explodieren von Wut und Gewalt im kleinen wie im großen.

Der momentane Zustand der Erde und seiner Bewohner spiegelt dies wieder. Die Menschheit als Ganzes steht vor einem entscheidenden Schritt. Entweder sie ist bereit, sich zu öffnen und auf die Ebene des Herzens zu gehen, oder sie vernichtet sich selbst und die Erde. Gegenwärtig ist das Bewußtsein noch auf Rassenunterschiede, Diskriminierung, Ausbeutung - eben auf Trennung ausgerichtet. Ja, das ist das richtige Wort. Das Bewußtsein der Menschen als Ganzes ist generell auf *Trennung* ausgerichtet. Andere Menschen, andere Völker, andere Erdteile werden als getrennt von einem selbst angesehen. Es besteht noch ein kleines, enges, starres Bewußtsein, das verzweifelt auf den eigenen Vorteil bedacht ist. Ihr seht diese Mentalität überall. Der eigene Müll wird gerne heimlich in Nachbars Garten gekehrt. Sei es sprichwörtlich oder völkerbetont. Doch es ist eine Zeit angebrochen, wo alle heimlichen Verschleierungsaktionen und Eigenbevorteilungen auf Kosten anderer aufgedeckt werden. Immer weniger wird es möglich, die reale Weltsituation zu verschönern und die Maske des Gutdünkens aufzusetzen, unter der sich aber nur

Eigennutz, Besitzanspruch, Neid und Haß befinden. Es ist einigen wenigen Gruppen und vielen verstreuten einzelnen Menschen gutzuschreiben, wenn neues Bewußtseinsgut über Liebe und Einssein unter die normale Bevölkerung gestreut wird. Diese Gruppen arbeiten auf unterschiedlichen Ebenen, wie der Politk, im naturwissenschaftlichen Bereich oder im esoterischen Bereich. Ihre Arbeit ist unschätzbar für die Menschheit. Ihr Los ist es oft, nicht anerkannt und geachtet zu sein. Doch immer mehr fühlen sich aufgerufen, neue Wege der Bewußtheit zu beschreiten.

Viele Menschen fühlen sich von den alten Möglichkeiten des Umgangs unbefriedigt und sie fühlen, daß eine neue Phase beginnen muß. Sie fühlen, daß die alte Phase der Abtrennung voneinander nicht mehr gültig sein kann für dieses Zeitalter. Diese Menschen sind in einer Übergangsphase. Die alten Werte zeigen ihnen keine Alternative mehr auf und es besteht Verunsicherung, wie die neuen Werte realisiert werden können. Es ist wie ein Kampf ums Überleben. Das alte Wertgefüge in den Menschen bäumt sich auf gegen die neuen, auf sie zukommenden Werte, die sie insgeheim bereits spüren. Menschen gruppieren sich zusammen und beschwören quasi ihre alten Werte der Abgrenzung. Ja, sogar ganze Völker und Nationen. Sie schwören sich Verbrüderung im Kampf gegen das Neue.

Doch das sogenannte Neue kann sich nicht verschwören im Kampf gegen das Alte. Das Neue hat eine ganz andere Energie und geht ganz andere Wege. Es ist eher zu vergleichen mit einem sanften warmen Wind, der zart, aber bestimmt über die Menschen hinwegweht. Er erreicht die Menschen auf ganz neue Art, indem er ihrer aller Sehnsüchte anregt.

Und zwar die Sehnsucht nach Liebe und Respekt.
Die Sehnsucht nach Frieden und Schönheit.
Die Sehnsucht nach Einheit und Brüderlichkeit.

Diese Sehnsüchte hat der Mensch tief in sich vergraben, doch sie sind vorhanden. Im Vorleben dieser Werte von einzelnen oder von kleinen Gruppen sickern sie langsam zu den Menschen durch. Sie fühlen sich oft wie gestört davon. Es ist ihnen zunächst unangenehm, ja sogar peinlich. Zunächst stufen sie diese Menschen als Spinner, als Außenseiter ein. Doch je mehr es werden, die nach neuen Wertmaßstäben leben, um so größer wird die Bedrängnis der anderen. Es ist noch sehr viel Bewußtseinsarbeit zu leisten!

Einige Menschen erfahren eine überraschende, kurzfristige Öffnung des Herz-Chakras in Momenten, die ihr "Verliebtsein" nennt. Wir meinen dieses "Sichverlieben" nicht nur auf sexueller Ebene. Wir meinen eine wirkliche Begegnung, ein wirkliches Berührtsein von einem anderen Menschen. In diesen Momenten erleben sie die Einheit mit einem anderen Menschen. Für sie ist dies meist nur möglich, weil es überraschend kommt, in etwa so, wie ein Blitz einschlägt. Diese überwältigenden Gefühle halten aber meist nicht sehr lange an und jeder kehrt ganz schnell wieder in seine eigene sichere, abgegrenzte, gewohnte Welt zurück. Der heutige Mensch hat Angst vor der Liebe, vor der inneren Berührung durch einen anderen Menschen. Er hat Angst, *erkannt* zu werden, so wie er ist. Er möchte sich sogar permanent verstecken. Eure Städte sind gefüllt mit einsamen, alleinstehenden Menschen. Die Abgrenzung wird gelebt. Das Aufflackern von "Verliebtsein" erinnert die Menschen oft daran, wie das Leben sein könnte. Doch die meisten haben keinen Mut, sich auf Dauer zu öffnen.

Vielleicht erscheinen euch unsere Aussagen negativ oder machen euch mutlos. Das ist nicht unsere Absicht. Der erste Schritt zur Veränderung ist die Lage zu sehen, wie sie ist. Die schmerzhafte Realität zu erkennen, damit der Wunsch entstehen kann, sie zu ändern. Das ist unsere Absicht hier. Man kann nicht nur eine bessere Welt fordern, ohne bereit zu sein, die eigenen Schwächen zu erkennen und sie zu ändern. Die Erfahrung der Durchschreitung und Aufarbeitung eigener Ängste machen euch bereit und fähig, euren Mitmenschen zu helfen und sie auf ihren Weg ins Licht zu unterstützen. Auf ihren Weg hin zu mehr Offenheit und Liebe.

Ein normal schwingendes Herz-Chakra ist weit geöffnet und kennt zunächst einmal keine Abgrenzung.
Ein universelles Gestz besagt:

Achte alle Wesen
in allen Dimensionen und Erscheinungen gleich.

Laßt dieses Gesetz tief in euer Herz eindringen und entdeckt die Bedeutung dessen. Ihr seid die Botschafter des Neuen. Ihr seid aufgerufen, zunächst einmal dieses Gesetz in euch zu verwirklichen und dann euren Brüdern und Schwestern bei ihrer Verwirklichung zu helfen. Immer mehr Menschen werden gebraucht für diese Arbeit. Der Ruf zur Erweckung der schlafenden Menschheit dringt in alle Dimensionen. Und Hilfe kommt von allen Seiten und aus allen Dimensionen. Der Mensch allein wäre völlig hilflos, völlig gefangen in seiner Illusion. Und doch kann nur er allein sich erlösen. Dabei bekommt er aber Hilfe von überall her. Langsam geschieht die Öffnung für das ihm Unsichtbare. Immer mehr Menschen öffnen sich für ihre unsichtbaren Freunde, für die Engel, die ihnen zur Seite stehen. Immer mehr Botschaften aus allen Dimensionen gelangen durch Medien, wie durch unsere Freundin hier, auf die Erde. Immer mehr und immer öfter wird die Erde besucht von verkörperten Wesen, die aus anderen Teilen des Universums kommen. Doch auch hier zeigt sich die Dualität, die Spaltung in hell und dunkel, in positiv und negativ. Nicht alle Besucher, nicht alle Botschaften haben das Höchste, das Beste im Sinn oder arbeiten zum Wohle der Menschheit. Ein gigantisches Spiel von Hell und Dunkel spielt sich auf dieser Ebene ab.

Allein durch die Hinwendung zum Licht, zu Liebe und Freude macht sich der Mensch unantastbar für Negativität. Ja, im Gegenteil, er stößt dadurch Negativität ab und verscheucht sie. Liebe und Licht sind enorme Transformatoren!

Wir rufen euch auf, Botschafter der Liebe und
des Lichts zu werden.
Euch mutig dieser Seite zuzuwenden.
Wir rufen euch auf, mutig die eigenen Schatten
in Licht aufzulösen,
euch in Liebe zu befreien aus euren alten Fesseln.
Nichts in euch mehr zu beurteilen oder abzulehnen,
sondern zu sehen,
warum und wieso ihr einmal so wart.

Ihr müßt beginnen, zunächst einmal euch mit Liebe und Respekt zu beschenken und sie durch und durch in euch eindringen lassen. Ihr müßt es wagen lernen, euch anderen Menschen in Liebe zu öffnen und ihnen Liebe zu zeigen. Dazu braucht ihr keine Missionare im alten Stil zu werden, nein, allein eure Taten werden es zeigen.

Dies alles hat nichts mit kleinlicher Sentimentalität oder Rührseligkeit oder Moral zu tun. Es hat etwas mit Wahrheit und Integrität zu tun. Auch hier ist eine Verbindung zu einem anderen Chakra sehr wichtig. Das Herz hat seine eigene Wahrheit und Weisheit, die jedoch unterstützt und ergänzt werden durch das sechste Chakra, das Dritte Auge, zu dem wir noch kommen werden. Das Dritte Auge verhindert überschwengliche Gefühle oder bewahrt das Herz, verletzt zu werden. Nur wenn ein geöffnetes Herz-Chakra mit dem Dritten Auge in enger Verbindung steht, wird es geschützt vor Verletzungen durch die Außenwelt.

Auf körperlicher Ebene ist das Herz-Chakra mit der Thymusdrüse verbunden. Auf sie kamen wir schon einmal zu sprechen, ohne sie mit Namen zu erwähnen. Sie ist sehr interessant und hat dieselbe Schlüsselfunktion für den Menschen wie das Hinaufschreiten zur Herz-Ebene. Ohne den Namen zu nennen, erwähnten wir die Thymusdrüse in dem Kapitel über das zweite Chakra. Erinnert ihr euch daran? Darin ging es um die Sexualität und die Wichtigkeit des Sprungs auf die Herz-Ebene. Heutzutage ist die Funktion der Thymusdrüse den Ärzten ein Rätsel. Sie forschen und forschen, sie testen und experimentieren und kommen der Wahrheit nicht näher. Sie wissen nur, ohne die Thymusdrüse ist der Mensch nicht lebensfähig. Aber warum hat der Mensch sie und wie sieht ihre Funktion beim erwachsenen Menschen aus? Ihr müßt verstehen, manche Organe haben eine gewisse Information in ihren Zellen gespeichert, die erst einmal aktiviert werden muß, bevor sie zu ihrer wahren Leistung auffahren. In euch schlummern noch so manche Kräfte vor sich hin und warten quasi auf ihren Einsatz. Dies ist sehr einfach ausgedrückt, doch in etwa ist es so. Auch die Thymusdrüse wartet auf ihren Einsatz. Sie ist sozusagen in Wartestellung.

Geht der Mensch auf die Herz-Ebene, öffnet und aktiviert er sein Herz-Chakra, wird dadurch auch die Thymusdrüse aktiviert. Die verschlüsselten Informationen in der Drüse signalisieren ihr dann ihren Einsatz. Dies hat Auswirkungen auf das gesamte Immunsystem. Der Mensch wird generell körperlich stärker. Es ist so, als ob er seinen Ankerpunkt, seine Mitte wiedergefunden hat. Der Körper kann sich dadurch mit der Zeit besser regenerieren und wird weniger empfänglich gegen schädliche Viren und Umwelteinflüsse.

Ihr müßt dies als Ganzes sehen. Stellt euch einmal vor, die Menschheit insgesamt würde diesen Sprung tun. Keine Kriege mehr, keine Diskriminierung, keine Ausbeutung und Zerstörung der Erde. Stellt euch die Auswirkungen auf euer Leben vor, auf das Leben eurer Freunde, eurer Stadt. Stellt es euch ganz genau vor. Stellt euch vor, die Menschen würden nicht mehr in Richtung Trennung gepolt sein, sondern in Richtung Einheit und Brüderlichkeit.

Ihr meint vielleicht, daß dies das Paradies sein würde. Weit gefehlt, das wäre nur der Anfang, das wäre nur ganz normal! Das wäre nur ein normaler Zustand des Menschen, doch davon hat er sich entfernt und muß nun zurückkehren. Noch ist es nicht zu spät, noch kann die Erde gerettet werden, wenn jetzt Schritte eingeleitet werden zu ihrer Rettung und Heilung. Vielleicht könnt ihr es euch gar nicht mehr vorstellen, ein Leben in Frieden und in Harmonie. Vielleicht meint ihr, es ist gar nicht möglich und ist nur eine Illusion. Doch es ist nicht so. Es ist möglich! Und es existiert im Universum.

Ja, es gibt Planeten im Universum, auf denen die Bewohner in Harmonie mit sich und anderen leben. Sie wissen um die Schönheit und Einzigartigkeit ihres Planeten und lieben und pflegen ihn, ja verehren ihn sogar. Sie sehen ihn und sich selbst als Verkörperungen Gottes und leben danach. Diese Stufe ist nicht das Paradies, so wie ihr es ausdrückt. Es erscheint euch nur so. Nein, es ist lediglich ein Leben auf einer höheren Bewußtseinsstufe. Es ist auch ein Schritt, ein Sprungbrett zu einer nächsten höheren Stufe. So viel gibt es zu erfahren im Universum. Diese kleine Exkursion haben wir nur gemacht, um euch zu zeigen, daß es Wesen gibt, die diese Werte schon leben und für die sie ganz normal sind. Sie sind ihnen quasi in Fleisch und Blut übergegangen. Menschen der Erde erscheinen ihnen wie Barbaren, denen es zu helfen gilt und die sie mehr oder weniger bemitleiden. Von ihrer Stufe aus ist das Geschehen hier schwer zu verstehen, obwohl sie alles einsetzen, um zu helfen. Diese Wesen kennen und achten die universellen Gesetze.

Störungen im Herz-Chakra zeigen sich in Herzbeschwerden jeglicher Art, Lungenbeschwerden, Rückenbeschwerden in Höhe des Herzens, Kreislaufstörungen und auf emotionaler Ebene in Trauer, Wut und Schmerz.

Die **Affirmation** lautet:

"Ich,..., bin jetzt bereit,
mein Herz zu öffnen
für alles, was mich umgibt."

Die **Meditationsübung**:

Der beste Platz für diese Übung ist das schattige Ufer eines stillen Bergsees. So still und tief wie er ist, so ist das Innere eures Herzens. Wenn es dir nicht möglich ist, die Übung an so einem Platz zu machen, begib dich in dein Zimmer.

Schüttelt euren Körper kräftig aus, dann setzt euch auf den Boden. Beginnt wieder langsam, euren gesamten Körper mit eurer inneren Aufmerksamkeit zu entspannen.

Beginnt bei euren Fußzehen.
Visualisiert goldenes Licht hinein
und stellt euch vor, eure Füße
werden von diesem Licht durchflutet.
Eine sanfte Welle von goldenem Licht
dringt langsam hoch in
eure Waden, eure Knie
und in die Oberschenkel.
Dieses Licht läßt eure Beine
erstrahlen und entspannen.
Weiter dringt das Licht hoch
in euer Gesäß und Unterbauch
und verdrängt die letzten Anspannungen.
Ihr atmet jetzt bereits ganz leicht und mühelos.
Weiter rollt die Welle
des goldenen Lichts
über euren Nabel,
hoch in euren Brustkorb
und füllt ihn ganz aus,
macht ihn weit und weich.
Jetzt ist euer Atem tief und sanft.
Auch die Arme und Hände,

bis vor in die Fingerspitzen
werden erfüllt vom goldenen Licht.
Sie entspannen sich und lassen los.
Über den Nacken und die Schultern,
die sanft ihre Anspannung loslassen,
geht die Welle hoch in den Kopf.
Dort füllt sie ihn ganz aus
und läßt ihn erstrahlen.
Sendet die Welle speziell
zu eurer Stirn- und Mundpartie.
Alles ist jetzt weich und
erstrahlt in goldenem Licht.
Der Körper ist entspannt und leicht.

Jetzt könnt ihr mit eurer
Aufmerksamkeit in die Mitte
eures Brustkorbs gehen,
in Höhe eures physischen Herzens.
Ganz sanft erfühlt diese Stelle.
Wenn ihr wollt, könnt ihr auch
eure Hände dorthin legen.

Ja, dort ist euer Herz-Chakra.
Sagt zunächst "Hallo",
begrüßt es.
Welche Worte euch auch kommen,
sagt sie eurem Herzen.
Vielleicht spürt ihr dort
schon die Energie pulsieren.
Vielleicht seht ihr ja ein Bild
oder habt einen Eindruck.

Laßt nun zu Beginn ein
zartes, sanftes Blau
in euer Herz-Chakra eindringen
und es damit auffüllen.
Stellt euch vor,
wie ein zartes, helles Blau
eindringt und das Chakra
dazu bewegt zu schwingen.
Und zwar auf ganz sanfte,
ganz zarte Weise.

Ein zartes, helles Blau,
läßt das Chakra
sanft schwingen und rotieren.
Es ist so wie ein Wasserrad,
das von einem kleinen
Bach angetrieben wird.
Nehmt euch Zeit
für diesen ersten Teil der Übung.

Das Chakra freut sich
und ist euch dankbar.
Das Blau unterstützt die Tätigkeit,
die Funktion des Chakras.
Es atmet auf und
nähert sich seiner Frequenz.
Immer wenn ihr traurig oder
ängstlich seid oder Kummer habt,
macht diese Übung.
Sie hilft dem Chakra,
sich zu entspannen.

Nun, wenn ihr bereit seid
zum zweiten Teil der Übung, visualisiert,
wie sich dieses helle zarte Blau,
langsam immer mehr verändert
in ein tiefes dunkles Blau.
Geht langsam alle Veränderungen
des Blaus durch und laßt es dabei
in das Chakra einfließen.

Blau hat soviele Schattierungen.
Laßt sie alle vor euch entstehen
und in das Chakra einfließen.
Geht die gesamte Palette von Blau durch
und schenkt sie dem Chakra.
Dies ist eine enorme Bereicherung
und Anregung für das Chakra.
Es schwingt durch die Vielfalt
der Farbe viel schneller
und lädt sich auf damit.
Es kann sich dadurch
entspannen und öffnen,
und ihr erlebt,
wie sich das anfühlt.

Je intensiver ihr euch
auf diese Übung einlaßt,
umso tiefer wird eure Erfahrung sein.
Dies bestimmt euer Erleben und euer Leben!

Bleibt mit dieser Übung,
so lange, wie es sich gut
für euch anfühlt.

Dann bedankt und verabschiedet
euch bei eurem Herz-Chakra.
Kommt langsam in euren Körper
und an den Platz,
an dem ihr euch befindet, zurück.

Von dieser Übung könnt ihr zunächst einmal nur den ersten Teil ausprobieren und anfühlen, wie es ist für euch. Mit der Zeit könnt ihr dann den zweiten Teil hinzufügen. Besonders bei dieser Übung können Gefühle und Emotionen in euch freigesetzt werden. Laßt zu, was immer auch kommen mag, und erschreckt nicht über ihre Tiefe. Geht lieber langsam und vorsichtig mit dieser Übung um. Besonders der zweite Teil ist eine starke Aktivierung des Herz-Chakras, und ihr müßt immer bedenken, daß dadurch Blockaden freigesetzt und ausgeschwemmt werden können. Geht vorsichtig damit um, doch habt auch keine Bedenken.

Es kann geschehen, daß sich die Farbe beim Einfließen in Licht auflöst. Wundert euch nicht, blau ist *eine* Schattierung des Spektrums und gehört zum Großen-Ganzen. Es vereinigt sich sozusagen mit dem Ganzen, und diese Erscheinung ist ganz normal.

Blau ist Nahrung für das Chakra, durch das es gesättigt und so wieder aktiv für seine Aufgaben wird. Durch Blau wird das Herz-Chakra genährt und gleichzeitig auch gereinigt und getröstet. Alles in einem! Es ist sozusagen eine Rundumbehandlung.

Ihr könnt euch natürlich mit all diesen Chakra-Farben im täglichen Leben umgeben und kleiden. Das wird die Öffnung der

Chakren erleichtern. Mit der Zeit werdet ihr die Wirkung der unterschiedlichen Farben feststellen und ein Gefühl für sie entwickeln und wissen, was euch guttut. Experimentiert mit der Zeit immer mehr mit Farben. Sie bringen im wahrsten Sinne Farbe in euer Leben! Sie sind ein Mittel, euch zu heilen und zu beleben.

In Liebe, Sameen Al Hoskia Ra.

Die Bilder

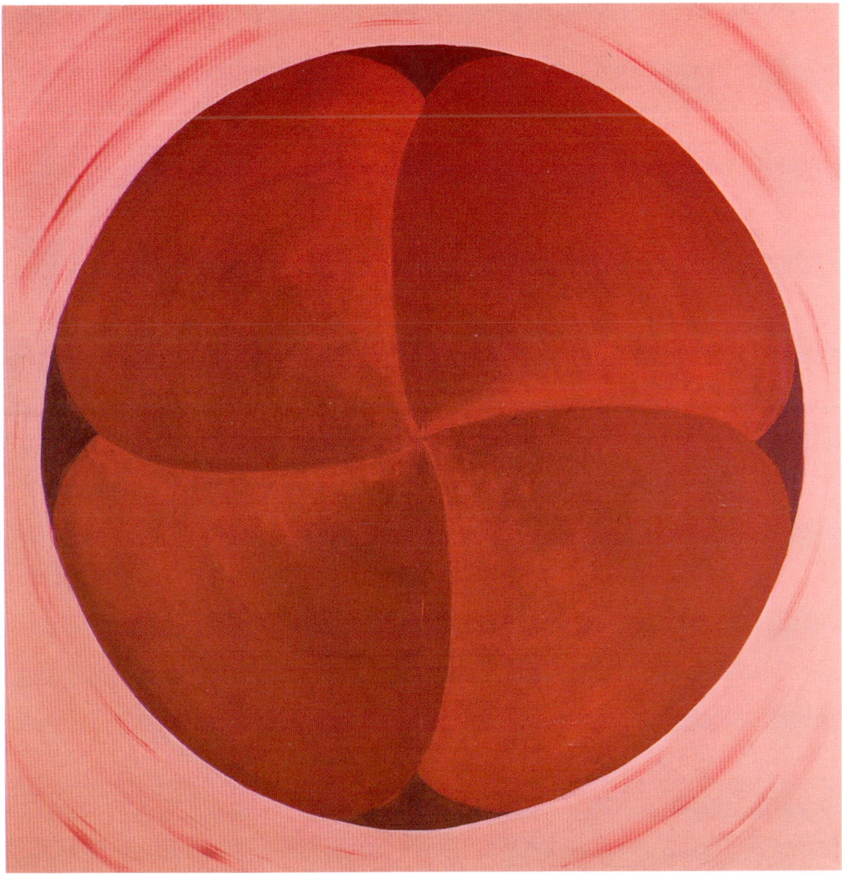

Aktivierungsbild für das erste Chakra

Aktivierungsbild für das zweite Chakra

Aktivierungsbild für das dritte Chakra

Aktivierungsbild für das vierte Chakra

Aktivierungsbild für das fünfte Chakra

Aktivierungsbild für das sechste Chakra

Aktivierungsbild für das siebte Chakra

Das fünfte Chakra

Ihr könnt es Hals-Chakra nennen. Sein Sitz ist in Höhe des Kehlkopfes bis zum unteren Ende der Schilddrüse. Es befindet sich also am Hals, daher auch der Name. Mit diesem Chakra gelangen wir bereits wieder auf eine neue Ebene des menschlichen Bewußtseins. Die ersten zwei Chakren waren eine Abteilung, die nächsten zwei waren eine andere Abteilung und nun, mit dem fünften Chakra, kommen wir wieder zu einer neuen Abteilung. Auf die Bedeutung der Abteilungen gehen wir in einem späteren Kapitel genau ein. Auch dieses Chakra öffnet sich nach vorne und ist einzigartig in seiner Schwingungsfrequenz. Die zu ihr gehörige Farbfrequenz ist ein sattes tiefes Grün. Aber auch hier sind alle Schattierungen von Grün eingeschlossen, von hell bis tiefdunkel.

Dieses Chakra ist verbunden mit der Fähigkeit des Menschen, sich auszudrücken, sich zu artikulieren über alles, was möglich ist und auf allen Ebenen. Dies wiederum drückt sich aus in allen verschiedenen, unzähligen Arten von Kreativität, die der Mensch entwickeln kann. Auf dieser Ebene wird inneres Erleben des Menschen nach außen gebracht, egal auf welcher Ebene das Erleben stattfindet. Das innere Erleben der Liebe zur Erde kann sich in einem schön angelegten, der Natur angepaßten Garten, äußern. Das innere Erleben des Akzeptierens des eigenen Körpers kann sich in seiner Pflege und in schöner Kleidung äußern. Das innere Erleben von Liebe kann sich in einem Gedicht äußern usw. Es gibt unzählige Varianten des Ausdrucks inneren Erlebens. Es ist das Umsetzen nach außen in Handlungen, Taten und Gesprächen. Ein Mensch mit einem normal schwingenden fünften Chakra hat eine mühelose Ausdrucksweise. Er setzt auf leichte Art inneres Erleben um, ohne groß darüber nachdenken zu müssen. Er ist bereits stark mit seiner Intuition verbunden, die ihn größtenteils leitet. Auch dieser Mensch weiß, was er will. Über dieses Chakra strahlt der Mensch ebenfalls, wie bei dem dritten Chakra, sehr stark nach außen aus. Im selben Maße empfängt er aber auch über dieses Chakra Botschaften, die aus seiner Umwelt auf ihn einstrahlen. Es ist eine starke Sende- und Empfangsstation. Über dieses Chakra, da es verbunden ist mit der Intuition, empfängt er das erste Mal auch Botschaften, die nicht offensichtlich ausgesprochen oder gezeigt werden, die sogar lieber verheimlicht werden. Ist dieses Chakra in seiner Ursprungsfrequenz, hat dieser Mensch bereits sehr viele Eindrücke von seinen Mitmenschen, die auf non-verbaler Ebene stattfinden. Seine Intuition läßt ihn diese Botschaften erfühlen. Ein Mensch mit einem normal schwingenden Chakra sucht und findet immer Wege, sich neu auszudrücken, sei es durch Gespräche, seine Arbeit, durch ganz alltägliche Dinge, wie Kochen oder im künstlerischen Bereich. Es macht ihm Spaß, neue Wege zu entdecken und zu erforschen, ob diese zu ihm passen. Ja, er ist ein Forscher. Er hat keine Hemmungen seine Gefühle nach außen zu bringen und zu sagen, was er möchte. Störungen im dritten Chakra zeigen sich sehr stark im fünften Chakra. Schwingt das dritte Chakra ausgeglichen, tut es auch das fünfte Chakra. Sie sind sehr stark miteinander verbunden.

Man kann sagen, ein Mensch mit einem normal schwingenden fünften Chakra wirkt auf andere Menschen wie ein freier Mensch. In keiner Situation hat er Schwierigkeiten, sich auszudrücken, und zwar auf allen Ebenen, vorausgesetzt, sie funktionieren alle. Ein freier Ausdruck aller Ebenen ist aber erst möglich, wenn diese auch in normaler Schwingung sind. Denkt an die Verbindung vom dritten und fünften Chakra. Dies ist also Voraussetzung der Funktion des Aussendens des fünften Chakras. Voraussetzung der Funktion des Empfangens ist die Fähigkeit, diese auch als solche zu erkennen. Empfang findet immer statt, doch der entscheidende Faktor ist, ob dies bewußt oder unbewußt geschieht. Unbewußter Empfang ist zu vergleichen mit dem Bild von einem Rinnsal, das im Sand versickert. Ein kleines Bächlein wird verschluckt vom Sand. Der Sand nimmt das Wasser auf. Genauso ist es mit unbewußtem Empfang von Botschaften. Dieser Mensch nimmt diese Botschaften in sich auf und wundert sich dann über ein bestimmtes Verhalten oder über seine Empfindungen. Oft kann er sich nicht erklären, warum er ein bestimmtes Gefühl hat oder warum er etwas bestimmtes tut. Der Ursprung kann dann unter anderem in einem vorherigen Empfang einer Botschaft liegen, die diese Gefühle oder Taten ausgelöst haben. Dieser Mensch ist im Grunde sehr vielen Einflüssen unbewußt gegenüber und seine Empfangsstation ist auf sehr, man kann sagen, grobe Wellen eingestellt.

Je mehr die vorhergenannten Chakren in Harmonie schwingen, um so besser kann das fünfte Chakra arbeiten. Dies ist Voraussetzung. Und um so besser kann ausgefiltert werden, was empfangen wird. Je weiter ein Mensch sich höheren Bewußtseinsstufen öffnet, um so besser geschieht bewußter Empfang von Botschaften oder von äußeren Einflüssen. Laßt uns erklären, was wir mit "Außen" meinen. Dieses Wort schließt sehr viel ein: Gedanken- und Gefühlsbotschaften anderer Menschen, Botschaften eurer unsichtbaren Freunde, planetarische und stellare Einflüsse, die Botschaften der Natur, von Tieren usw. Je feiner und bewußter ausgebildet dieses Chakra ist, um so feinere Wellen kann es aufnehmen und in das Bewußtsein des Menschen treten lassen. Bei einem unausgebildeten fünften Chakra versickern feine Wellen sofort und werden überhaupt nicht wahrgenommen.

Dieses fünfte Chakra ist ein wichtiges Organ für die Funktion und die Wahrnehmung eurer Intuition. *Jeder* Mensch hatte schon einmal in Notsituationen Eingaben in Form von Sätzen oder direkten Handlungen, die sie in gewisser Weise retteten. *Jeder* Mensch kennt eine innere Stimme! Manche nennen sie Intuition, manche bezeichnen sie als außerhalb von sich selbst. Die meisten Menschen hören diese innere Stimme aber eben nur in Notsituationen, da in diesen Momenten ihr sogenanntes Tagesbewußtsein oder ihr Verstand ausgeschaltet ist. Sie meinen, daß sich diese Stimme nur in diesen Situationen meldet, um sie zu beschützen. Kurz nach der Situation sind sie sehr verwundert und fragen sich, was das wohl war. Da sie ansonsten keine inneren Ohren haben, hören sie diese Stimme auch nicht mehr. Sie ist aber beständig vorhanden. Man kann es vergleichen mit einem eigenen inneren Berater, der ständig zur Stelle ist. Doch um diesen Berater zu hören, muß das fünfte Chakra ausgebildet sein, und dafür ist wiederum die Funktion der vorhergenannten Chakren Voraussetzung.

Heutzutage wird die eigene innere Stimme, die Intuition, meist gar nicht mehr gehört und somit ist euch ein *Zuhören* auch nicht möglich. Was ist überhaupt die Intuition, werdet euch jetzt bestimmt fragen. Die Intuition kann man als den Anteil in euch benennen, der noch geöffnet ist für alle feinen Schwingungen um euch herum und in euch. Es ist der Anteil, der rezeptiv, empfangend und wissend ist. Intuition ist zu vergleichen mit einer schwangeren Frau, die still in sich hineinhorcht, um Kontakt aufzunehmen mit ihrem noch ungeborenen Kind. Intuition ist sehr weiblich, sehr sanft und wiederum zu vergleichen mit einem sanften, warmen Wind. Intuition ist verbunden mit dem Herzen und allen euren höheren Ebenen. Intuition *weiß*, ohne nachdenken, ohne analysieren zu müssen und zwar unmittelbar.

Sie kann nur von Menschen gehört werden, die eine gewisse Stille in sich tragen. Die heutigen Menschen haben sich aber größtenteils dem Verstand verschrieben. Es regiert im Moment der Verstand die Welt, weniger die Intuition. Der Verstand ist im Vergleich zur Intuition sehr laut und äußert sich durch Gedanken in euch. Mit Verstand meinen wir nicht den Intellekt! Verstand ist der Teil in euch, der laufend spricht, der laufend Kommentare abgibt, der laufend beurteilt, berechnet, kalkuliert. Diese Stimme kennt ihr alle. Und diese Stimme in euch gilt es unter Kontrolle zu bringen, sonst wird sie zu übermächtig und bringt euch unter ihre Kontrolle. Die einzige mögliche Kontrolle besteht in der Kunst des Beobachtens. Verstrickt ihr euch in einen Kampf mit euren Gedanken, werden *sie* siegen. Versucht ihr, sie zum Schweigen zu bringen, werdet ihr es wahrscheinlich nicht schaffen. Sie plappern ständig vor sich hin. Die einzige Möglichkeit, mit ihnen in Frieden zu leben, besteht für euch darin, euren inneren Fokus zu ändern. Euch nicht mehr nur zu identifizieren über das, was ihr denkt. Die einzige Möglichkeit für euch, in Harmonie mit eurem Verstand zu leben, ist, ihn zu nutzen dort, wo es angesagt ist und ihn ansonsten zu beobachten. Zu wissen, wo sein Aufgabengebiet liegt und ihn dort einzusetzen, aber ansonsten ihn nicht zu sehr zu beachten bei Dingen, die nicht in seinem Ressort liegen oder wo er nicht Bescheid weiß. Doch er hat Macht erlangt über alle Ebenen des Menschen, auch über die, die er nicht versteht und auch nicht verstehen kann. Die Stimme des Verstandes, die Gedanken, übertönen beständig die Stimme der Intuition. Versucht die Intuition etwas zu sagen, wird dies beständig abgelehnt von dem Verstand. Verstand und Intuition kommen beide aus verschiedenen Quellen. Ihre Energie ist sehr verschieden und sie verängstigen sich quasi gegenseitig. Die Intuition bedroht den Verstand, der Verstand bedroht die Intuition. Die Intuition bedroht den Verstand durch Empfindungen, Emotionen, und er meint dadurch die Kontrolle zu verlieren. Der Verstand bedroht die Intuition durch harte Verurteilungen, durch Ablehnung. Er nimmt ihr dadurch die Lebensgrundlage. Er urteilt sie als schwach ab, was in gewisser Weise im Vergleich zu ihm auch so ist. Doch schwach ist nicht negativ, wird aber von ihm so beurteilt. Kein Mensch will heute als schwach gelten. Jeder *muß* sich durchsetzen, beweisen, behaupten oder wenigstens so tun als ob.

Seht ihr, worauf dieses ganze Gesagte hinausläuft? Wir wollen euch eure beiden innewohnenden Seiten oder Anteile vor Augen führen.

Euren weiblichen, rezeptiven Anteil und
euren männlichen, nach außen gehenden Anteil.

Der rezeptive Anteil ist verbunden mit eurer Intuition, der nach außen gehende Anteil mit eurem Verstand. Es gilt für den heutigen Menschen zu erkennen, daß beides in ihm wohnt und daß er es anzuwenden hat, wann immer es nötig ist. Er kann wie ein Magier mal dies, mal jenes einsetzen, je nachdem, welche Seite der Situation angepaßt ist. Es ist die Zeit angebrochen, wo beide Seiten erkannt und akzeptiert und eingesetzt werden müssen.

Warum wurde die rezeptive, weibliche Seite unterdrückt? Es gab auch schon Gemeinschaften und Kulturen, wo das Weibliche regierte. In diesen Gemeinschaften waren die Prioritäten ganz anders angelegt als heutzutage. Damals war das Unsichtbare, das Mystische voll integriert in das Leben und die Regelung der Gemeinschaft. Es hatte nicht nur *gute* Seiten. Es gab auch dort genauso Menschen, die ihre Macht negativ angewandt haben. Doch niemals war so eine Gemeinschaft aggressiv im großen Stil, wie die heutigen männlich orientierten Gesellschaftsformen.

Ein Ausgleich beider Anteile im Menschen muß sich vollziehen. Frauen müssen beginnen, ihre weiblichen und ihre männlichen Teile zu entdecken, in sich zu integrieren und zu akzeptieren, und Männer ebenso. Eine Versöhnung von Weiblich und Männlich muß stattfinden. Dann ist es der Intuition wieder möglich, von den Menschen bewußt gehört zu werden, das Leben wieder mitzubestimmen und es angenehmer werden zu lassen.

Laßt uns noch einmal zusammenfassen. Das fünfte Chakra hat zwei Funktionen, und zwar empfängt es und es sendet aus. Aussenden zeigt sich im Ausdruck jeglicher Art. Voraussetzung dafür ist das Funktionieren des jeweiligen Chakras, je nachdem, auf welcher Ebene Ausdruck stattfinden soll. Jeder Mensch empfängt, doch die Qualität und Art des Empfangs ist wiederum abhängig davon, inwieweit das fünfte Chakra aktiviert ist und inwieweit bereits bewußt damit gearbeitet wird. Nur durch bewußte Ausbildung dieser Fähigkeit des

Empfangs werden Botschaften gefiltert und aussortiert. Ansonsten geschieht dies nur auf einer äußerst unbewußten Ebene.

Heutzutage funktioniert meistens nur der Teil des Aussendens des fünften Chakras. Ebenso kommt es häufig vor, daß dieses Chakra sehr unentwickelt ist. Ausdruck geschieht schon beim heutigen Menschen! Er muß sich ausdrücken auf die eine oder andere Art! Meist ist es aber nicht auf allen Ebenen, einige sind *immer* ausgeschlossen. Wie steht es nun aber mit dem Empfangen? Der heutige Mensch weigert sich, Botschaften anzunehmen und sie als solche zu hören und anzuerkennen. Wir sagten ja schon, Empfang geschieht immer. Erinnert euch an das universelle Gesetz:

Alles ist in Verbindung miteinander,
alles hängt zusammen.

Daraus schließt, daß gegenseitige Einflußnahme stattfindet.

Doch der Mensch hat sich gegen die unsichtbaren Ebenen verschlossen. Er akzeptiert nur noch das Materielle, das Offensichtliche, das Sichtbare. Alles, was im für ihn unsichtbaren Bereich liegt, deklariert er strikt als nicht vorhanden. Er qualifiziert dies alles ab und schiebt es in die Schublade von "esoterischem Spinnkram", die er fest verschließt. Was ist die Folge davon? Daraus entsteht sehr viel Verwirrung im Menschen. Wie gesagt, *jeder* Mensch empfängt. Doch was macht dieser Mensch damit? Natürlich versucht er sofort, seine Schublade zu öffnen und es schnell dorthinein zu packen. Es kommt aber immer wieder vor, daß doch eine Botschaft durchsickert, die er nicht vergessen kann. Da er aber in sich das Abkommen hat, daß es so etwas nicht gibt, stürzt er in große Verwirrung. Manchmal so groß, daß Menschen meinen, sie wären geisteskrank. Sie verstehen die Welt nicht mehr. Dies ist nur möglich durch die materielle Ausrichtung, durch die fehlende Harmonie der männlichen und weiblichen Anteile, der empfangenden und abgebenden Qualitäten.

Oft spricht eure Intuition für uns. Sie ist für Wesen wie uns oft der Eintrittskanal in euer System. Es gibt natürlich Ebenen von euch, die sich über unsere Anwesenheit sehr wohl bewußt sind und die in Verbindung mit uns stehen. Nur eure niedrigeren Ebenen negieren uns. Über die Intuition ist es eurem Höheren Selbst und nicht-verkörperten Wesen möglich, euch im positiven Sinne zu beraten. Dies äußert sich oft durch einen plötzlichen Impuls, einen bestimmten Platz aufzusuchen, eine bestimmte Person anzurufen usw. Ihr kennt dies bestimmt! Je mehr in euch der Wunsch entsteht, von eurer Intuition, von euren Eingebungen geleitet zu werden, um so mehr werden sie zu euch sprechen können. Je mehr ihr beginnt, euren Verstand zu beobachten, um so leichter werdet ihr die Stimme der Intuition hören. Doch der bewußte Wunsch der Ausbildung dieser Fähigkeiten ist nötig und das direkte Umsetzen. Ihr könnt ein regelrechtes Training beginnen, das wiederum dieses Chakra aktivieren wird. Zur Beobachtung der Gedanken und Gefühle ist das beste Training jegliche Art von Meditation. Dadurch lernt ihr, die Stimme der Intuition von euren Gedanken zu unterscheiden, was Voraussetzung ist für ihre Kenntnisnahme.

Ein Mensch mit einem vollschwingenden fünften Chakra ist in Harmonie mit seinen empfangenden und ausdrückenden, abgebenden Teilen in sich. Er kennt die Stimme seiner Gedanken, er kennt die Stimme seiner intuitiven Eingebungen. Er akzeptiert sie gleichermaßen und setzt sie ein, wann immer ihre Zeit ist. Er findet Mittel und Wege, seine Kreativität auszudrücken. Man kann sagen, sein Leben ist rund. Denn bedenkt, ein vollschwingendes fünftes Chakra drückt ja aus, daß die anderen Chakren voll funktionieren.

Das fünfte Chakra ist auf körperlicher Ebene verbunden mit der Schilddrüse. Allein durch ihre äußere Form drückt sie symbolisch männlich und weiblich aus. Sie drückt aus, zwei sind in Einem. Zwei sind Eins, sind vereint. Arbeitet die Schilddrüse ausgeglichen, hat sie u.a. eine anregende Funktion auf alle inneren Verarbeitungs- und Verdauungsorgane. Somit arbeiten diese normal und ein reger Austausch dieser Organe untereinander kann stattfinden. Alles wird dann in gerechter Art und Weise im Körper assimiliert und aufgenommen. Auch hier auf körperlicher Ebene wird aufgenommen und verarbeitet, wie z.B. Nahrung. Die Schilddrüse regt die Empfangs- und Verarbeitungsorgane an, zu arbeiten und sich untereinander auszutauschen.

Ihr seht, das universelle Gesetz,

daß alles in Verbindung steht,
alles miteinander zusammenhängt,

gilt auch auf körperlicher Ebene.

Die **Affirmation** lautet:

"Ich,..., lasse jetzt meinen
weiblichen und männlichen Anteil
in mir voll erblühen.
Auf natürliche Art und Weise
drücke ich alles aus."

Die **Meditationsübung**:

Für diese Übung wäre der beste Platz in der Nähe von Laubbäumen, Büschen oder Rosensträuchern. Wenn es euch nicht möglich ist, in der Natur zu sein, geht in euer Zimmer, doch stellt eine voll erblühte Rose neben euch. Sie symbolisiert Kreativität durch ihre voll erblühte Schönheit und Offenheit. Sie ist voll auf Empfang eingestellt und ebenso auf Aussenden! Dies sind alle Pflanzen. Sie empfangen kosmische Strahlen und strahlen sie für euch ab. Sie transformieren sie sozusagen. Es ist ihre Aufgabe, und in ihnen besteht totale Harmonie zwischen Empfangen und Senden.

Schüttelt wieder euren Körper und legt euch dann auf den Boden. Zunächst folgt eine Entspannung für den gesamten Körper.

Stellt euch einen warmen, sanften Wind vor,
der langsam über euren Körper weht.
Er beginnt bei euren Füßen langsam
an euren Beinen hochzuwehen.
Er streicht sanft über euren Leib,
eure Arme und Hände und euren Kopf.

Stellt euch vor,
wie ein warmer, sanfter Wind
über euren gesamten Körper hinwegweht.
Er beginnt an den Füßen
und streicht sanft euren Körper glatt.
Hoch bis über euren Kopf
weht er dahin.
Laßt diesen Wind so oft
über euch hinwegwehen,
bis ihr spürt, daß euer gesamter Körper
weich und entspannt am Boden liegt.
Seid wirklich gewissenhaft mit dieser Übung.
Macht sie so lange,
bis alle Anspannungen im wahrsten Sinne
des Wortes weggeweht sind.

Dieser Wind ist wie
eine Dusche für euren Körper,
er wäscht alle Anspannung von ihm
auf sanfte, leichte Art ab.
Dann geht mit eurer Aufmerksamkeit an
die Stelle eures Halses,
wo der Kehlkopf und etwas weiter unten
die Schilddrüse ist.
Dies ist die Stelle,
wo sich euer fünftes Chakra befindet.

Stellt euch jetzt ein
zartes, helles Grün vor,
so ähnlich wie die Farbe
der ersten aufsprießenden Blätter
im Frühling nach einem langen Winter.

Laßt dieses zarte Grün
vor eurem inneren Auge
erscheinen und laßt es
langsam in die Mitte
des fünften Chakras einfließen.
Diese Stelle füllt sich auf und
das Chakra erstrahlt
in einem zarten hellen Grün.
Es beginnt zu rotieren,
zu schwingen,
es kommt in Bewegung.
Es freut sich.
Es sendet euch Botschaften,
es kann seine Funktion aufnehmen.

Jetzt ist das Chakra aktiviert
und wir können zum zweiten Teil
der Übung übergehen.
Wenn ihr bereit seid,
stellt euch langsam vor,
wie das zarte helle Grün
mit der Zeit die ganze Palette
von Grün durchwandert,
bis hin zu einem
tiefen, satten Grün.

Immer wieder fließt ein
Strahl immer dunkler
werdendes Grün in
das Chakra ein.
Das ganze Spektum
von hellgrün bis dunkelgrün

füllt das Chakra aus.
Es wird aufgefüllt
mit enorm viel Farbe.
Grün ist seine Ursprungsfrequenz.
Es drückt Kreativität aus.
Genauso wie die Bäume
ihre Kreativität durch die Blätter ausdrücken,
die auch grün sind,
wird euer fünftes Chakra durch diese Farbe
angeregt, genährt und erfrischt.
Es bekommt Kraft,
und das Potential
des Ausdrucks und des Aufnehmens
wird gefördert und gestärkt.
Diese Übung eignet sich immer,
wenn ihr euch in eurer
Ausdrucksfähigkeit blockiert fühlt.

Beginnt jedes Mal mit einem
zarten Hellgrün,
Das ist die Anfangsstufe
der Aktivierung, und sie wirkt
zunächst auf sanfte Weise
auf das Chakra ein.

Bleibt so lange mit dieser Farbe,
wie es sich gut anfühlt.
Sprecht mit dem Chakra,
wenn es sich ergibt.
Hört ihm vor allem zu,
was es euch zu sagen hat.

Ihr könnt ein richtiges Zwiegespräch
mit ihm führen, und ihr könnt
auch euren Wunsch ausdrücken,
mehr mit ihm in Kontakt
kommen zu wollen.
Ihr werdet sehen,
wie es sich freut.

Als Abschluß bedankt euch
und verabschiedet euch.
Dann kommt langsam
wieder in euren Körper
und an den Platz,
an dem ihr euch befindet, zurück.
Als Abschluß betrachtet
noch ein paar Minuten
die Rose oder den Rosenstrauch,
der sich neben euch befindet.

In Liebe, Sameen Al Hoskia Ra und die Weltenhüter.

Das sechste Chakra

Ihr könnt es Stirn-Chakra oder auch Drittes Auge nennen. Es befindet sich in der Mitte eurer Stirn, in etwa einen Daumen breit oberhalb der Augenbrauen. Es öffnet sich nach vorne und erstrahlt in vielen Blütenblättern.

Dieses Chakra gehört zusammen mit dem Hals-Chakra in eine Abteilung, aber man kann sagen, das Hals-Chakra gehört zu der untersten Ebene und das Stirn-Chakra zu der höchsten Ebene dieser Abteilung. Es hat eine hohe Funktion für den Menschen, wenn es aktiviert und ausgebildet ist. Es ist bereits ein sehr hoher Bewußtseinssprung für einen Menschen, wenn das sechste Chakra aktiviert ist. Dieses Chakra ist verbunden mit dem Höheren Selbst des Menschen. Das Höhere Selbst ist die Einheit jedes Menschen, die unabhängig ist von Gedanken und Gefühlen, von Zeit und Raum, und die über die jeweilige Inkarnation vorher bestimmt und sie überwacht. Es ist die Einheit, die vor der Verkörperung bestimmt, welche Lernerfahrungen in dem kommenden Leben gemacht werden sollen. Sie ist also unabhängig von momentanen Erlebnissen der jeweiligen Inkarnation. Das Höhere Selbst hat sozusagen den Überblick und ist nicht verstrickt in Geschehnisse.

Über das Dritte Auge kann der Mensch bewußt mit seinem Höheren Selbst in Kontakt treten und sich mit ihm direkt beraten. Durch diese Beratung erlangt er größeres Verständnis von sich selbst und seiner Lage. Es hat dramatische Folgen für diesen Menschen. Denn zum ersten Mal kann er ein komplettes Bild seiner selbst erlangen. Über das Dritte Auge und dessen Verbindung mit dem Höheren Selbst kann er *bewußt* zu einer umfassenden Sicht und zu einem kompletten Verständnis seiner selbst gelangen. Bisher war das Bild des Menschen noch unvollkommen, bisher war es mit all den vorherigen Chakren noch nicht komplett. Denn es fehlte dem Menschen der Überblick und wahres Verständnis. Durch die Aktivierung des Dritten Auges wird der Überblick, das Verstehen und das Wissen des Menschen gefördert. Ebenso die Intuition. Beim Hals-Chakra erwähnten wir ja auch, daß die Intuition *weiß*, aber dieses Wissen ist immer noch auf einer unbewußten Ebene. Auf der Ebene des Drittten Auges *weiß* der Mensch *bewußt*. Nur über das Dritte Auge kann der Mensch sich endgültig von tiefersitzenden Verhaltensmustern befreien, indem er sie in einem größeren Zusammenhang sieht und ihre ehemalige Funktion erkennen kann.

Durch die Verbindung mit dem Höheren Selbst, das alle Inkarnationen kennt, ist es über das Dritte Auge für den Menschen möglich, sich an frühere Leben zu erinnern. Das Dritte Auge ist bevorzugter Sitz, eine Speicherstätte der Erinnerungen früherer Leben. So wie das dritte Chakra Speicherstätte von Emotionen ist, ist das sechste Chakra Speicherstätte von Erinnerungen früherer Leben. Wird das Dritte Auge aktiviert, beginnt der Mensch mit der Zeit, sich zu erinnern. In ihm treten Bilder und Szenen auf aus vergangenen Leben. Da genauso wie beim dritten Chakra meist ungelöste Konflikte gespeichert wurden, kann eine plötzliche Erinnerung fast schockartig sein. Ist der Mensch nicht darauf vorbereitet, ist es wie eine Überflutung von Bildern, die sich vor dem inneren Auge aufrollen. Ihr seht den Unterschied zwischen dem Höheren Selbst und dem Dritten Auge? Das Höhere Selbst kennt alle Inkarnationen und bestimmt vor einer neuen

Verkörperung die zukünftigen Lernerfahrungen. Es ist unabhängig von Gefühlen und Gedanken der Inkarnationen. Im Dritten Auge sind alle existentiellen Erfahrungen der Inkarnationen, meist stehen hierbei die ungelösten Erfahrungen im Vordergrund, gespeichert. Der Mensch gelangt erst zur inneren Vervollkommnung, wenn er sich von allen ungelösten Konflikten, egal aus welchem Leben auch immer, befreit hat. Dies ist Teil all der Lernerfahrungen, die er hier auf der Erde zu tun hat. Ungelöste Konflikte sind nicht verschwunden, wenn der Mensch stirbt. Im nächsten oder in einem späteren Leben wird er sich auf die eine oder andere Art wieder damit auseinandersetzen müssen.

Die Aktivierung des Dritten Auges geschieht nicht automatisch. Es ist quasi wie versiegelt, und das ist auch gut so. Der Mensch muß sich vorbereitet haben auf gewisse Erfahrungen. Natürlich schwingt das Dritte Auge bei jedem Menschen, aber in völlig unterschiedlicher Art und Weise. Es kann von einem minimalen Schwingungszustand, was bei den meisten Menschen vorkommt, bis zum optimalen, voll erblühten Zustand schwingen.

Ein Mensch mit einem vollschwingenden sechsten Chakra hat große Einsicht über sich und das Leben im allgemeinen. Er ist ein weiser Mensch und ist stark mit seiner eigenen inneren Quelle verbunden. Alle Qualitäten, die im fünften Chakra angesprochen wurden, treten verstärkt auch bei einem voll schwingenden sechsten Chakra auf. Die Qualitäten sind quasi nur noch verfeinert. Dieser Mensch steht ganz stark mit seiner Intuition in Verbindung und läßt sich von ihr leiten. Er ist sich meist seiner früheren Inkarnationen bewußt oder ist in dem Prozeß der Erinnerung.

Ein besonderes Merkmal eines erwachten sechsten Chakras ist auch das vermehrte Auftreten von allen Arten außersinnlicher Wahrnehmung. Er beginnt Zukunftsvisionen zu sehen, er hat Eingebungen über frühere Leben anderer Menschen, er sieht Auren, er kann Astralreisen machen und was es noch alles so gibt und von euch unter dem Begriff der außersinnlichen Wahrnehmung eingeordnet wird. Dies bedeutet aber einfach nur, daß sich seine Sichtweise, seine Wahrnehmung erweitert. Je mehr sich das sechste Chakra öffnet und schwingt, um so größer wird seine Fähigkeit, das aufzunehmen, was um und in ihm existiert. Dieser Mensch hat keine Schwierigkeit, sich für das Unsichtbare zu öffnen und es zu sehen, denn er nimmt es mit seinem inneren Auge wahr. Diese Wahrnehmung kann über verschiedene Ebenen ablaufen. Manche Menschen *sehen* wirklich. Sie sehen visuell Wesen, die nicht verkörpert sind, Auren oder Visionen. Andere Menschen sehen nicht visuell, sondern haben Eingebungen über ihre Intuition in Form eines Gefühls oder eines Gedankens. Der eine Mensch *weiß* über Sehen, der andere Mensch über Gefühle oder Gedanken.

Über das sechste Chakra ist es dem Menschen somit möglich, sich zu befreien von Raum und Zeit. Ihr alle lebt in der Illusion von Raum und Zeit. Dadurch erschafft ihr euch euren engen begrenzten Raum. Ihr denkt, eines folgt auf das andere, alles hintereinander. Ihr denkt in Minuten, Stunden, Jahren, Jahrzehnten. Ihr grenzt euch ein in dieses Zeitgebilde, auf das ihr euch geeinigt habt. Das erschafft die Grenze. Ihr seid konstant mit euren Gedanken in der Zukunft oder der Vergangenheit, selten im Jetzt. Seid ihr einmal im Jetzt, so macht ihr die überraschende Entdeckung, daß sich für diesen Moment das feste Zeitgefüge aufgelöst hat. Ihr seid frei davon. Ihr lebt ansonsten in festgesteckten Grenzen, doch wir sagen euch, alles um euch ist und auch ihr seid grenzenlos. Euer Wesen an und für sich ist grenzenlos. Nur ihr habt euch auf Grenzen eingestimmt, und es gilt, sie als Grenzen zu erkennen. Ihr seid soviel mehr als das Leben in euren festen Grenzen. Ihr seid, wenn ihr wollt, vollkommene Liebe, vollkommenes Licht, das auf alle Ebenen ausstrahlen kann. Ihr seid verkörpertes Licht, verkörperte Liebe. Ihr seid multidimensional. So wie das Universum unendlich ist, seid auch ihr es. Hinter jeder neuen Ebene, die ihr in euch entdeckt, gibt es noch eine und noch eine und noch eine. Immer höhere und feinere Ebenen in euch gilt es zu entdecken. Wenn ihr meint, an der höchsten Ebene eurer Liebes- oder Lichterfahrung angelangt zu sein, so sagen wir euch, wartet noch ein bißchen, es gibt noch weitere Erfahrung für euch zu machen, noch größere Ausdehnung ist möglich!

Ein Mensch mit einem vollschwingenden sechsten Chakra beginnt dies langsam zu erkennen. Er sieht dieses Leben als einen Teil vieler anderer Leben. Er sieht sich eingebettet in den Plan seiner Lebenszyklen. Er sieht, er hat etwas zu erfüllen, zu erledigen, zu lernen. Er *sieht* und kennt den nächsten Schritt, der zur Erfüllung des Plans nötig und zu tun ist.

Dieses Chakra, wie auch das fünfte Chakra, sendet ganz stark aus, wenn es aktiviert ist. Ein starker breiter Strahl tritt aus ihm aus, der den Menschen leitet und bestimmt. Dieses Chakra ist verbunden mit einem starken kräftigen Rot. Es ist ein klares Rot, nicht zu verwechseln mit dem Erd-Rot des ersten Chakras. Rot symbolisiert Energie und Willen. Dieses Rot ist wie ein Laserstrahl, der die Dunkelheit durchleuchtet und vertreibt. Es ist Licht oder Feuer, das Unbewußtheit,

Ignoranz und Unwissenheit verschlingt. Dunkelheit kann nicht existieren in seinem Strahl. Es ist ein Rot mit einem Anteil Blau darin, das sich im Licht wie violett spiegelt. Violett ist Ausdruck von Spiritualität und Mystik. Violett ist Ausdruck des Unausdrückbaren. Auch Violett wirkt wie Flammen, die alles Nichtige verzehren. Violett war schon immer eine spirituelle Farbe. Der Mensch mit einem vollschwingenden sechsten Chakra wird von diesem Lichtstrahl geleitet. Er braucht ihm nur zu folgen.

Doch wie, so werdet ihr euch fragen, kommt man zu einer Öffnung des sechsten Chakras, wenn es nicht automatisch passiert? Was müßt ihr dafür tun, oder könnt ihr etwas tun, oder ist es nicht beeinflußbar? Wir sagten ja schon, daß das sechste Chakra so etwas wie eine Versiegelung in sich hat. Das heißt aber nicht, daß es überhaupt nicht schwingt. Jedes Chakra muß minimal schwingen, damit der Mensch überhaupt überleben kann, das ist Voraussetzung. Jedes Chakra zieht also wenigstens minimal Energie ein. Doch vom Zustand minimalen Einzugs zum Zustand maximalen Einzugs sind riesige Unterschiede, die sich natürlich immer an der Ausstrahlung der Person zeigen. Jeder Mensch hat wenigstens minimale Führung, minimale Über- und Einsicht in sein Leben, sogar wenn es nur in der Stunde des Todes ist. Ausnahmen bilden einige Geisteskrankheiten, bei denen sich der jeweilige Mensch entschlossen hat, ganz auf Hilfe anderer Menschen angewiesen zu sein bei Ausschluß seines Tagesbewußtseins. Er weilt in anderen Bewußtseinsebenen. Doch generell hat jeder Mensch minimale Leitung durch sein sechstes Chakra. Je mehr in dem Menschen der Wunsch entsteht, zu mehr Bewußtheit zu gelangen, und er dafür auch gewisse Bemühungen auf sich nimmt, um so mehr nähert er sich der Öffnung des Dritten Auges. Unter gewisser Bemühung ist vor allem Meditation, stille Innenschau, und emotionale und mentale Klärung gemeint. Beginnt ein Mensch sich emotional zu klären, befreit er sich von vielen Verhaltensmustern, die ihn immer wieder in dieselben Fallen oder Verhaltensweisen haben laufen lassen. Fällt dies weg, steht mehr Energie für ihn zur Verfügung. Klärt ein Mensch sich auf mentaler Ebene, bleibt er nicht verhaftet im immer wiederkehrenden Kreislauf negativer Gedanken und es wird ebenso Energie frei, die vorher gebunden war. Übt er sich dazu noch in einer Art der Meditation, so kann die freiwerdende Energie sich höheren Ebenen widmen, und außerdem wird der Wunsch im Menschen entstehen, weiter in sich zu forschen, weiter voranzuschreiten. Das ist Voraussetzung zur Öffnung des Dritten Auges. Ihr seht, gewisse Bemühungen, gewisse Voraussetzungen müssen zunächst eingeleitet werden. Und wir sagten ja auch schon, daß dies gut so ist. Diese Bemühungen sind wie eine Vorbereitung und Reinigung für den Menschen, bevor er zu der Ebene des Dritten Auges gelangt. Dies ist sehr wichtig. Viele von euch möchten wissen, was für vergangene Leben sie hatten. Ihr möchtet wissen, ob ihr Nofretete, Mozart oder Van Gogh wart! Ihr möchtet wissen, ob ihr in Ägypten, zur Zeit Jesu oder in Atlantis gelebt habt. Ist es nicht so? Es besteht große Neugier darüber bei den Menschen. Sie möchten jedoch meistens nur die eine Seite der Medaille, nämlich das Wissen über ihre vergangenen Leben. Die andere Seite die dazugehört, das innere Erleben, das das bloße Wissen ergänzt, möchten sie meist nicht erleben. Doch nur beide Seiten zusammen bilden wirkliches Verstehen im Menschen. Es besteht große Angst vor der existentiellen Erfahrung. Viele Menschen haben eine große Blockade vor dieser Erfahrung, da sie ahnen, daß man besonders unerlöste negative Erfahrung gespeichert hat. Sie möchten lieber von jemand anderem erfahren, wer sie einmal waren. Doch das nützt ihnen nicht viel auf ihrem Weg zu mehr Bewußtheit, da es dann nur mentales Wissen ist.

Nimmt ein Mensch bewußte Bemühung auf sich, so wie wir es vorher erwähnt haben, werden früher oder später Erinnerungen in ihm erscheinen. Dies geschieht dann oft automatisch, aber eben als natürliche Folge seiner Bemühungen und seiner Bewußtseinsklärung. Manchmal geschieht es auch ganz plötzlich und wie aus heiterem Himmel hat er vor seinem inneren Auge eine Abfolge eines oder sogar mehrerer Leben. Es ist gut und hilfreich, darauf vorbereitet zu sein in dem Sinne, daß man weiß, daß wenn man bestimmte Dinge tut, bestimmte andere Dinge ausgelöst werden können. Es ist auch gut zu wissen, wie man dann mit diesen Erlebnissen umzugehen hat. Meist sind solche Erinnerungen ein überwältigendes Erlebnis für den Menschen und er wird wenigstens am Anfang ganz davon eingenommen. Doch es ist hier sehr wichtig, die Klarheit zu behalten. Meist versteht man mit dem Einhergehen dieser Erinnerungen vieles vom eigenen Verhalten und man bekommt große Einsicht über sich selbst. Es ist aber besonders in diesen Momenten wichtig, sich nicht von den Ereignissen emotional hinwegspülen zu lassen, sondern weiterhin mit der Fähigkeit des Dritten Auges zu sehen und zu erkennen, daß diese erinnerten Leben Teile eines großen Lebensflusses waren oder sind. Es ist wichtig zu erkennen, daß alles einen bestimmten Sinn und Zweck erfüllte, auch wenn es vielleicht noch so schmerzhaft war. Es ist eine große Aufgabe für den Menschen, zu lernen, mit diesen Erinnerungen in dieser Art umzugehen und soviel Abstand zu bekommen zu dem Ablauf der Inkarnationen, sie zu sehen, zu verstehen und zu erkennen was der Sinn war, ohne darin emotional unterzugehen, weder aus Freude, aus Trauer, noch aus Wut, was auch immer geschehen ist und ohne diese Gefühle zu unterdrücken. Kommt diese Einsicht im Menschen in Fluß, regelt sich vieles von ganz alleine. Er versteht sich und sein Verhalten. Alte Probleme fallen weg. Ein neuer Mensch wird quasi geboren, wenn er zur Ebene des Dritten Auges gelangt. Bevor dies aber geschehen konnte, mußte er viele alte Verhaltensmuster, Gewohnheiten und Ängste fallen lassen. Dies war die Vorbedingung, dies war der Preis. Er hat etwas dafür gegeben, denn er mußte durch alte Verhaltensmuster hindurch zur Einsicht gelangen, daß sie nicht mehr nötig sind, ja, daß sie hinderlich für ihn sind. Stellt euch diesen Erfahrungsprozeß vor. Es fällt euch nicht leicht, vom Alten loszulassen, ohne zu wissen, was da Neues auf euch zukommt, nicht wahr? Durch dieses Abenteuer mußte dieser Mensch oft hindurchschreiten. Es verlangte Mut und Willen von ihm. Es verlangte Abenteuergeist!

Gleichzeitig mit diesem Prozeß wurde der Mensch seiner Verantwortlichkeit gewahr. Ihm wurde vollends klar, daß er verantwortlich ist für die Art seiner Realität. Ihm wurde klar, daß *er* sie erschafft. Ihm wurde klar, daß nicht andere für sein Glück oder sein Leid ausschlaggebend sind, sondern daß er immer selbst bestimmt, was er erlebt. Dies bedeutet große Einsicht für den Menschen, denn es befreit ihn aus jeglicher Abhängigkeit oder Erwartung von anderen.

Auf körperlicher Ebene steht das sechste Chakra mit der Hypophyse in Verbindung. Die Hypophyse hat ihren Sitz im Inneren des Kopfes und steuert in gewisser Weise die Funktion der anderen Drüsen, die wir schon angesprochen haben.

Sie hat die wichtige Aufgabe übernommen, das Steuerorgan, der Überwacher der anderen Drüsen zu sein. Über die Hypophyse wird der Ablauf der anderen Drüsen geregelt. Genauso ist es mit dem sechsten Chakra. Ist es aktiviert, regt es all die anderen Chakren an. Dann kommt Klarheit in sie und ein Reinigungsprozeß wird ausgelöst. Dies hat eine immense Auswirkung auf sie, da sie mit der Zeit reiner und verfeinert werden. Seht ihr wieder die Verbindung zwischen der Ebene der Chakren und des physischen Körpers?

Die **Affirmation** für das sechste Chakra:

"Ich,..., bin jetzt bereit
mein Leben von einer höheren Warte
und mit größerem Überblick
zu betrachten."

Die **Meditationsübung**:

Hier möchten wir euch sagen, daß ihr euch klar darüber sein müßt, daß viele Dinge geschehen können, wenn ihr beginnt, mit dem sechsten Chakra zu arbeiten. Ihr müßt in euch selbst die Zustimmung finden, euch mit euren innersten Grenzen konfrontiert zu sehen. Seid ihr bereit, ihnen zu begegnen, sie zu sehen, ihre Anwesenheit zu akzeptieren und durch sie hindurchzugehen, können sie sich auflösen. Doch ihr müßt euch darüber klarwerden und innerlich bereit sein, diese Arbeit zu tun.

Wenn ihr bereit seid, können wir jetzt beginnen. Der idealste Platz für diese Übung ist ein stiller Ort auf einem Berg, von dem aus ihr einen weiten Blick über das Land habt. Ansonsten setzt euch auf den Boden eures Zimmers. Beginnt zunächst wieder, euren Körper mit eurer Aufmerksamkeit zu entspannen.

Visualisiert weiß-goldenes Licht
in eure Zehenspitzen hinein.
Von dort aus dringt
dieses weiß-goldene Licht
in eure Füße und Waden.
Es dringt über eure Knie
hoch in eure Oberschenkel.
Die Beine entspannen
sich durch das Licht
und lassen los.
Sie werden angenehm weich.
Das Licht dringt hoch
in das Gesäß und den Unterbauch.
Es füllt diese Stelle des Körpers aus
und alle Anspannungen und Disharmonien
werden dadurch aufgehoben.
Dann kann es weiter vorandringen
über den Nabel und den Solarplexus.
Die Stelle der meisten Gefühle
kann sich tief entspannen.
Angestaute Gefühle lösen sich auf
und ihr atmet leicht und tief.
Auch euer Brustraum und Rücken
wird jetzt überflutet von
dem weiß-goldenen Licht.
Dein Herz wird umspült.
Deine Schultern dehnen und weiten sich
und lassen das Licht

durch sie hindurch
in die Arme und Hände fließen,
die sich warm und voll anfühlen.
Über euren Nacken und Hals
dringt das Licht schließlich
in den Kopf und füllt ihn
vollkommen aus.
Alles entspannt sich dort.
Die Stirn- und Mundpartie
wird weich und locker.
Die Augenpartie entspannt sich.
Euer ganzer Körper ist jetzt aufgefüllt mit
diesem weiß-goldenen Licht.
Es läßt den Körper
während der gesamten Übung
sich entspannt und leicht fühlen.

Jetzt seid ihr bereit, mit eurer
Aufmerksamkeit an die Stelle
des sechsten Chakras zu gehen.
Sie liegt in der Mitte der Stirn,
etwas über den Augenbrauen.
Legt jetzt eure gesamte
Aufmerksamkeit an diese Stelle.
Ihr könnt dies unterstützen,
indem ihr einen Finger dorthin legt.
Dadurch fällt es euch
vielleicht leichter, euch auf diese
Stelle zu konzentrieren.

Stellt euch jetzt einen Strahl
klaren Rots vor,

der langsam in diese Stelle einfließt.
Ein klares, reines Rot
fließt in die Mitte des
sechsten Chakras ein.
Dieses Rot füllt das Chakra
vollkommen aus,
aktiviert es und bringt es
langsam zum Schwingen.
Durch den beständig in ihn
einfließenden Strom von Rot
wird das Chakra aufgefüllt
mit Energie.
Es bekommt Kraft,
seine Funktion zu erfüllen.

Das Chakra ist sehr fein- und vielblättrig
und es benötigt zunächst einmal
sehr viel Energie,
bevor es beginnt,
ganz und voll zu schwingen.

Durch das Rot
wird Negativität verzehrt,
werden alte Schlacken ausgestoßen,
allein durch die vermehrte Schwingung.
Macht diese Übung ganz in
eurem eigenen Rhythmus,
so lange, bis ihr das Gefühl habt,
daß das Chakra kraftvoll
und gleichmäßig schwingt.
Bleibt bei dieser Übung,
wie es sich gut für euch anfühlt.

Dann, wenn ihr bereit
zum nächsten Schritt seid,
wechseln wir die Farbe
von einem klaren Rot,
in ein Rot mit einem Blauanteil.
Dadurch wird das Rot
tiefer und bekommt einen
Hauch von Lila oder Violett.
Laßt dieses Rot-Violett
nun in das sechste Chakra eindringen.
Da es schon schwingt und aktiviert ist,
seid ganz aufmerksam,
wie diese Farbe nun auf
das Chakra einwirkt.

Laßt das Chakra
ganz die Farbe aufnehmen.
Die Fähigkeit der Klarheit,
ausgelöst durch Rot,
wird gepaart mit
dem Wunderbaren, der Magie,
ausgelöst durch Violett.

Diese beiden Eigenschaften
werden aktiviert und verstärkt
durch das Einfließen der Farbe,
durch eure Bereitschaft, auf die Ebene
des sechsten Chakras zu gelangen.
Es wird euch unermeßliche
innerliche Reichtümer bescheren,
wenn ihr einige Mühen auf euch nehmt.
Wir beglückwünschen euch

zu diesem Schritt.
Bleibt mit dieser Farbe so lange,
wie es sich gut für euch anfühlt.
Dann bedankt euch und
verabschiedet euch vom sechsten Chakra.
Kehrt mit eurer Aufmerksamkeit
in euren Körper und an den Platz,
an dem ihr euch befindet, zurück.

Den zweiten Teil der Übung könnt ihr ebenfalls erst nach einigen Tagen der Übung des ersten Teiles anfügen. Laßt euch Zeit und übereilt nichts.

In Liebe, Sameen Al Hoskia Ra.

Das siebte Chakra

Ihr könnt es Kronen-Chakra nennen. Es befindet sich in der Mitte eurer Schädeldecke und öffnet sich nach oben. Das Kronen-Chakra ist das letzte Chakra, das mit dem menschlichen Körper, mit dem Energiesystem direkt verbunden ist und das wir hier besprechen möchten. Wenn es aktiviert ist, öffnet es sich hingebungsvoll und in tausendblättriger Blütenzahl dem Himmel, dem Kosmos entgegen. Es ist ein wunderbarer Anblick, und der Name dieses Chakras ist sehr passend, da ein voll geöffnetes siebtes Chakra einer Krone ähnelt. Die Kronen der Könige und Herrscher in früherer Zeit waren ein Symbol ihrer Verbundenheit und engen Zusammenarbeit mit dem Kosmos, mit dem All-Einen-Großen-Ganzen. Sie symbolisierten die Macht, der der Herrscher diente zum Wohle der Menschheit. Dies war in früherer Zeit.

Das siebte Chakra ist mit der Farbe Weiß verbunden. Es ist ein strahlendes, makelloses, blütenreines Weiß, das fast transparent ist. Weiß ist eine wunderbare Farbe, denn sie beinhaltet alle anderen Farben des Spektrums. Alle sind darin enthalten und vereint. Sie ist eine vereinende, magische Farbe. Sie ist Symbol für All-Eins-Sein. Der Diamant verkörpert dies auf der Ebene der Edelsteine. Er ist Symbol höchster Reinheit, Vollkommenheit und Einheit.

Es gibt nur sehr wenige Menschen, deren siebtes Chakra konstant geöffnet ist. Meist ist es soweit geschlossen, daß nur minimale Energieaufnahme geschieht. Auch hier öffnet sich das siebte Chakra nicht automatisch, nicht ohne die bewußte Hinwendung des Menschen auf diese Ebene. Lebt ein Mensch vorrangig über die Ebene des siebten Chakras, ist die Aktivierung und harmonische Schwingung aller vorheriger Chakren Voraussetzung, besonders der ersten zwei Chakren. Würden diese nicht funktionieren, würde der Mensch sofort seinen Körper verlassen.

Über das siebte Chakra besteht die Verbindung zu dem, was wir das All-Eine-Große-Ganze nennen. Es ist das Unbeschreibliche, das Wunderbare, das alles Durchdringende. Ihr nennt es oft das göttliche Prinzip. Es ist nicht die Verkörperung oder Personifizierung eines Menschen. Das All-Eine-Große-Ganze geht weit über die physische Ebene und Existenz hinaus. Über das siebte Chakra erkennt der Mensch die Weite und Größe der Existenz, die Unendlichkeit des Seins, und sieht sich selbst als einen Teil davon. Das Bild vervollständigt sich für ihn. Gelangt er auf die Ebene des siebten Chakras, *wird* er vollständig. Doch wir wollen euch erklären, was wir damit meinen, wenn wir sagen, "er gelangt auf die Ebene des siebten Chakras ". Damit meinen wir, daß er alle Stufen der Chakren durchlaufen und ausgebildet hat und daß er nun von der Ebene des siebten Chakras aus lebt. Sein Fokus ist immer auf die Ebene des siebten Chakras ausgerichtet. Es ist die höchstmögliche Form eines Menschen, und nur sehr wenige waren bis jetzt in der Geschichte fähig, von dieser Stufe aus zu leben. Es gab sehr viele Erleuchtete, deren siebtes Chakra geöffnet war, die aber von einer anderen Stufe aus lebten. Jesus Christus lebte zum Beispiel von der Stufe der Herz-Ebene aus.

Die meisten Menschen, die sich dem siebten Chakra zuwenden, erleben ein zeitweiliges Erblühen dieses Chakras und eine schrittweise Öffnung. Es geht bei ihnen in Etappen. Dies wird ausgelöst vor allem durch die Aktivierung des sechsten Chakras, durch intensive Innenschau und indem sie kompromißlos der eigenen Bestimmung nachgehen. Dadurch wird das siebte Chakra stimuliert, sich auch im täglichen Leben stetig mehr zu öffnen. Dies ist ein Erfahrungsprozeß des spirituell erwachten Menschen. Es ist notwendig, daß diese Entwicklung schrittweise und stufenweise geht, denn der menschliche Körper muß langsam auf erhöhte Frequenz eingestellt werden. Ihr müßt bedenken, daß durch die Öffnung des siebten Chakras kosmische, universelle Energie in das Systems des Menschen geleitet wird. Die Öffnung des siebten Chakras muß also immer dem Entwicklungsstand des Menschen angepaßt sein. Würde die Energiezufuhr über das siebte Chakra die Aufnahmefähigkeit überschreiten, so hätte dies für den Menschen katastrophale Auswirkungen. Diese kosmische, universale Energie ist eine hochfrequente, reine Schwingung, die das gesamte Energiesystem des Menschen quasi verbrennen oder auslöschen könnte, wenn er nicht darauf vorbereitet ist. Somit ist das siebte Chakra bei den meisten Menschen so weit verschlossen, bis es gerade noch soviel Energie einziehen kann, wie zum Überleben des Menschen nötig ist. Nur durch bewußte Ausbildung all der anderen Chakren und die Auswirkung davon wird es stimuliert. Nur durch die bewußte Hinwendung und Hingabe an die Ebene des siebten Chakras wird es aktiviert. Diese Ebene überschreitet weit persönliche Bedürfnisse, Gefühle und Gedanken. Über das siebte Chakra wird dem Menschen eigentlich unablässig, aber bei den meisten eben minimal, Energie der Einheit und Vollkommenheit zugeführt. Impulse von All-Eins-Sein kommen dadurch in das System des Menschen. Unablässig flüstert dadurch diese Stimme im menschlichen System zur Erweckung der Schlafenden. Die, die diese Stimme hören, fühlen sich gestärkt und bestärkt und fühlen sich durch eine viel größere, sie weit überschreitende Macht beschützt. Sie spüren, daß sie verbunden sind, daß sie Teil sind dieser Kraft. Daß sie Ausdruck sind von etwas viel Größerem und daß sie eine Aufgabe hier zu erfüllen haben, denn sonst wären sie nicht hier.

Durch das immer wiederkehrende Zuwenden und bewußte Einstimmen auf diese Ebene, wird sie verstärkt. Dadurch ändert sich der Fokus des Menschen ungemein. Wie schon gesagt, das Bild wird komplett. Durch das siebte Chakra kann der Mensch über die Erdebene weit hinausschreiten. Er beginnt sein Leben auf der Erde als einen winzigen Teil des Sonnensystems, ja des Universums zu erkennen. Über das siebte Chakra erfährt der Mensch Dinge und Eigenschaften, die nicht erdgebunden sein müssen. Es ist, wie schon gesagt, die Verbindungstür zu einer weit größeren Ebene. Doch diese Erfahrung degradiert den Menschen nicht zu einem Winzling im unendlichen Ozean des Universums. Nein, es wirkt in ihm wie eine Verbindungsschnur zu dieser Unendlichkeit. Es kann vorkommen, daß Gefühle der Winzigkeit und Unbedeutendheit des Menschendaseins bei den ersten Erfahrungen über das siebte Chakra entstehen können. Doch bald stellt sich großes Verstehen und Erkennen ein über das universelle Gesetz:

Alles ist miteinander verbunden,
alles schwingt in Harmonie miteinander
und ist doch allein.

Der Mensch erfährt diese große, alles umfassende Einheit über das siebte Chakra und kann mit ihr verschmelzen, in ihr aufgehen, sich mit ihr verbinden. Doch das bedeutet das Auflösen der Persönlichkeit, des Egos.

Wir sagten ja schon, daß für den spirituell erwachten Menschen, für den, der die Bedeutung der Chakren erkennt, die Aktivierung des siebten Chakras langsam und schrittweise geschieht. Immer wieder erfährt er in stillen Momenten der Innenschau eine Öffnung des siebten Chakras und ein zeitweiliges Verschmelzen mit dem All-Einen. Dies bedeutet für ihn eine große Erweiterung, eine Ekstase, wenn sich all die Gedanken und Gefühle, die ihn ans Erdendasein binden, auflösen. Doch immer wieder kehrt er zurück aus dieser Vereinigung. Aber er kann diese Erfahrung in sein Leben integrieren und es dadurch bereichern. Er fühlt sich gestärkt und genährt. Nach jeder Erfahrung, nach jeder Öffnung, ist sein Leben mit mehr Qualität angereichert und er fühlt sich bestärkt, diesen Weg weiter zu beschreiten.

Natürlich beginnt aber das Ego, die Persönlichkeit, aufzubegehren, sich zu wehren gegen diesen Weg. Das Ego möchte sich nicht freiwillig auflösen. Doch wie schon gesagt, die Zuwendung zum siebten Chakra bedeutet die Auflösung des Egos. Es beginnt sich zu wehren. Es beginnt einen erbitterten Kampf. Es bäumt sich auf, und zwar zum letzten Mal. Dies ist das letzte Abenteuer, das der Mensch, der alle Stufen der Chakren ausgebildet hat und vor der siebten Stufe steht, beschreiten muß. Noch einmal ist er konfrontiert mit den Überresten seiner Persönlichkeit. Er kennt diesen Kampf des Egos schon, da es sich jedesmal geweigert hat bei der Auflösung alter Grenzen. Er weiß, was mit ihm geschieht, und er weiß, wie er damit umzugehen hat. *Er kann nur warten und beobachten!* Dies hat er schon vorher geübt. Er läßt diesen

Kampf sich austoben, ohne eine eigene Identifizierung oder Beteiligung. Nur so kann er mit dieser Hürde fertig werden. Nur durch Warten, Beobachten und durch Demut ist diese Stufe zu erreichen.

Ihr seht, die Qualitäten, die mit dem siebten Chakra verbunden sind, heißen:

- ***Erfahrung des All-Einen-Großen-Ganzen;***
daraus resultiert
- ***tiefe Religiosität,***
die nicht verbunden ist mit Dogmen, sondern mit Universalität
- ***Auflösen der letzten Grenzen,***
Auflösen des Egos,
und daraus folgt
- ***Hingabe an die göttliche Bestimmung.***

Ihr werdet euch bestimmt schon gefragt haben, was nach der Erreichung und Ausbildung der siebten Stufe für den Menschen folgt. Löst er sich auf, wenn er sein Ego auflöst? Stirbt er? Hat er vorher alle anderen Chakren ausgebildet, ist er verwurzelt in allen Chakren, dann stirbt er nicht. Immer wieder kommt es vor, daß plötzliche Erleuchtung geschieht. Diese Menschen haben vielleicht intensiv durch Meditationstechniken an sich gearbeitet und versucht, einige Stufen zu überspringen. Durch den plötzlichen Schock großer Energiezufuhr über das siebte Chakra kann der Körper zerstört werden. Wir haben dies ja schon angesprochen.

Nun wollen wir aber über einen Menschen sprechen, der alle Stufen der Chakren ausgebildet hat. Diese Grundausbildung der Chakren geschieht in vielen Leben, nicht nur in einem einzigen. Erreicht er nun die siebte Stufe der Chakren, erkennt er seine göttliche Bestimmung für die Menschheit und kann selbst entscheiden, von welcher Stufe aus er mit den Menschen kommunizieren will. Nur wenige entscheiden sich, sich ganz von der Welt zurückzuziehen. Die meisten sehen ihre Bedeutung für die Erweckung der Menschheit. Sie erkennen, welcher Sprung für die Menschheit beginnt, und entscheiden sich für die ihnen bestmögliche Stufe der Kommunikation. Oft erscheinen diese Erleuchteten ihrer Zeit voraus. Oft werden sie nicht anerkannt und werden meist mißverstanden. Oft werden sie verhöhnt und verleumdet. Doch sie sind wie ein Sämann, der ein neues Feld bestellt. Sie setzen Impulse, oft nicht nur für die momentane Menschheit, sondern auch für die kommende Zeit. Sie haben die Möglichkeit, jederzeit auf die Stufe des siebten Chakras zu gehen und sich dort aufzuhalten. Doch sind sie mit den Menschen zusammen, sprechen sie immer von der Stufe aus, für die sie sich entschieden haben. Wir hatten das Beispiel Jesus Christus genannt, der sich für die Herz-Ebene entschieden hat. Ihr müßt verstehen, würden diese Erleuchteten von der siebten Ebene aus kommunizieren, würde sie niemand hören oder verstehen, oder wenigstens nur minimal wenige Menschen. Dies ist nicht ihre Bestimmung. Ihre Bestimmung ist, die ihnen größtmögliche Zahl von Menschen zu erwecken oder wenigstens Impulse zu setzen.

Über die Jahrhunderte hinweg gab es Tausende solcher erleuchteter Wesen. Sie waren unterschiedlichster Art und entschieden sich für die unterschiedlichsten Methoden, um mit den Menschen zu kommunizieren und sie zu lehren. Manche hatten sehr viele Schüler und manche nur ganz wenige. Doch immer erhoben diese Menschen das Bewußtsein der Erde und der Menschen, auch wenn diese es nicht spürten. Ihr müßt bedenken, daß nichts im Universum verloren geht und somit auch nichts auf der Erde. Gelangt ein Wesen entgültig auf die Ebene des siebten Chakras, strömt über ihn verstärkt diese göttliche, kosmische Energie in das Energiefeld der Erde und somit auch zu den Menschen. Er verbessert sozusagen das Klima der Erde. Er läßt Licht und Impulse der Liebe und Einheit in das Energiefeld der Erde einfließen durch seine Erleuchtung. Genauso ist es umgekehrt. Denken und fühlen Menschen negativ, strömt dies natürlich ebenfalls in das Energiefeld, in die Atmosphäre der Erde. Sie verpesten quasi das Klima der Erde. Stellt euch Kriegsgebiete vor! Dort explodieren minütlich nicht nur wirkliche Bomben, sondern auch Bomben von Wut und Gewalt. Die Atmosphäre wird doppelt vergiftet. Es hat katastrophale Auswirkungen!

Versteht ihr, warum wir euch bitten, an euch zu arbeiten, euch zu reinigen? Ihr werdet vielleicht entgegensetzen, daß eure Reinigung und Bewußtseinserweiterung im Vergleich zu der großen Negativität, die noch herrscht, verschwindend geringe Auswirkung hat. Doch wir sagen euch, ein Anfang *muß* gemacht werden. Ihr, die ihr dies lest, werdet verstehen!

Alle Erleuchteten sahen den Anteil der großen Masse der schlafenden Bevölkerung und den minimalen Anteil der Erwachenden. Sie gaben nie auf. Sie gaben immer ihr Bestes. Und ist man auf die siebte Stufe gelangt, ist dies auch nicht mehr so schwer. Denn diese Erwachten werden gespeist und genährt aus dem Universum, sind verbunden mit der göttlichen Quelle in sich selbst.

Auf körperlicher Ebene ist das siebte Chakra mit der Zirbeldrüse verbunden, die sich im Inneren des Kopfes befindet. Auch die Funktion der Zirbeldrüse ist den heutigen Ärzten ein Rätsel. Sie wissen nicht sehr viel über sie und können sie sich nicht erklären. Es wird auch wohl noch etwas dauern, bis sie das Rätsel lösen werden. Frühere Ärzte in China und Tibet wußten um die Funktion der Zirbeldrüse. Doch sie hielten dieses Wissen größtenteils geheim. In versteckten Klöstern experimentierten sie in groß angelegten Tests mit der Wirkungsweise der Zirbeldrüse, indem sie versuchten, ein bestimmtes Hormon im Körper zu transformieren, das von ihr ausgestoßen wird. Es waren Tests und Verfahren, ähnlich denen der Indianer, die in spirituellen Ritualen ihren Schülern Gift einverleibten. Wir wollen euch nur soviel zu der Zirbeldrüse sagen, daß auch sie verschlüsselte Codes in sich trägt, die freigesetzt werden, wenn ein Mensch all seine Chakren auf natürliche Weise entwickelt hat und langsam auf die siebte Stufe zugeht. Bei einer plötzlichen, überraschenden, nicht gut genug vorbereiteten Erleuchtung wird die Zirbeldrüse so stark aktiviert, daß sie ein bestimmtes Hormon in so großem Maße ausstößt, daß der Körper vernichtet wird. Durch eine langsame Anpassung des Körpers an eine immer höher werdende Frequenz wird auch die Zirbeldrüse geschult und eingestimmt und der Körper lernt mit den ausgestoßenen Hormonen umzugehen. Der Körper lernt mit diesem vorher tödlich wirkenden Hormon umzugehen, ja, es auf neue Art zu assimilieren zu seinen Gunsten. Das, was vorher wie ein Gift wirkte, wird zur Medizin!

Ansonsten arbeitet die Zirbeldrüse auch eng mit der Hypophyse zusammen. Beide zusammen haben eine anregende Wirkung, wenn sie aktiviert sind, auf die anderen Drüsen. Ihr seht, die Aktivierung des siebten Chakras hat eine rückwirkende, effektive, positive Wirkung auf alle anderen Chakren. Die kosmische, universale Energie, die durch ein geöffnetes siebtes Chakra einfließt, speist all die anderen Chakren. Und noch einmal zur Erinnerung, die Öffnung des siebten Chakras richtet sich immer nach dem Bewußtseinszustand und der Aufnahmefähigkeit. Das heißt, daß sich die Aufnahmefähigkeit von einer minimalen Menge bis zu einer maximalen Menge bewegen kann. Doch Energie wird immer aufgenommen. Durch eine Hinwendung zum siebten Chakra, durch Wissen um dessen Funktion und durch langsame Aktivierung werden der Körper und das Bewußtsein mit mehr Energie angereichert. Und zwar mit einer Energie, die für alle anderen Chakren hilfreich und nährend ist. Der Körper wird dadurch langsam vertraut mit dieser Energie und angehoben auf eine neue Schwingungsfrequenz.

Die **Affirmation** zur Stimulierung des siebten Chakras lautet:

"Ich,..., erkenne jetzt den
göttlichen Anteil in mir und
lasse ihn in mein Leben einwirken."

Die **Meditationsübung**:

Es ist sehr wichtig, nicht gestört zu werden bei dieser Übung. Geht in euer Zimmer, an euren Platz, den ihr für die Übungen ausgewählt habt. Macht alles so schön wie möglich und richtet alles so, daß ihr wirklich durch nichts gestört werden könnt. Bedenkt, diese Zeit ist ganz eurer Entwicklung gewidmet. Laßt einen kleinen Tempel in eurem Zimmer entstehen! Ihr könnt euch zunächst einmal mit schöner, ruhiger Meditationsmusik entspannen.

Setzt euch dann aufrecht auf den Boden.
Beginnt, goldenes Licht in
eure Füße hinein zu visualisieren.
Es breitet sich dort aus
und dringt hoch durch eure Waden,
Knie und Oberschenkel.
Eure ganzen Beine sind erfüllt
von diesem goldenen Licht.
Es dringt hoch in euer Gesäß
und euren Unterbauch
und füllt diese Stellen auf.
Das Licht entspannt und reinigt.
Es schreitet weiter über den
Nabel und den Solarplexus.
Der ganze Bauch ist jetzt erfüllt
mit diesem goldenen Licht und
es schreitet hoch in den
Brustraum und in die Schultern.
Alles wird dort weich und entspannt sich.
Ihr atmet leicht und tief durch.
Ihr fühlt die heilende, befreiende Wirkung
dieses goldenen Lichtes.
Es durchströmt jetzt eure
Arme und Hände,
die ganz warm werden.
Über euren Nacken und Hals dringt
das goldene Licht
in euren Kopf ein.
Er wird ganz erfüllt

und alles läßt dort los
und entspannt sich.
Euer Kopf selbst fühlt
sich an wie eine strahlende,
goldene Lichtkugel.
Ja, euer ganzer Körper
ist jetzt entspannt, leicht
und gefüllt mit Licht.
Dies hat auf euch während der
gesamten Übung eine reinigende,
heilende Wirkung.

Jetzt seid ihr bereit!
Lenkt nun eure Aufmerksamkeit hoch
zu der Mitte eurer Schädeldecke
und zwar etwa einen Finger breit darüber.
Schenkt dieser Stelle eure ganze
Aufmerksamkeit und stellt euch dann vor,
daß ein Strahl aus
blütenreinem, weißem,
transparendem Licht dort
langsam hineinfließt.

Ganz langsam laßt ihr einen
Strahl weißer Farbe
in euer siebtes Chakra,
genannt das Kronen-Chakra,
einfließen.
Schenkt diesem Chakra
eine blütenreine, weiße Farbe!
Der Strahl sollte langsam
und vorsichtig einfließen.

Das Chakra sollte sanft
erweckt werden.
Vielleicht entsteht ein Bild
von dem Chakra,
vor eurem inneren Auge.
Doch erzwingt nichts!
Es ist die Zeit der Demut und Hingabe.
Nur wenn ganz von selbst
ein Bild in euch entsteht,
ist es das richtige.

Bleibt so lange mit dieser Übung,
wie es für euch angenehm ist.
Atmet immer wieder
leicht und tief durch.
Schweift eure Aufmerksamkeit ab,
so richtet sie immer wieder
auf eure Schädeldecke und visualisiert
einen weißen Strahl hinein.

Nun kommen wir zum zweiten Teil.
Jetzt stellt euch vor,
wie der weiße Strahl
etwas schneller in die
Stelle des Kronen-Chakras einfließt.
Langsam tritt mehr weiße Farbe ein.
Erhöht die Geschwindigkeit auf sanfte Art.
Dadurch wird das Chakra
mehr angeregt zu schwingen.
Richtet die Geschwindigkeit ganz
nach eurem Wohlbefinden,
doch übertreibt nicht

bei den ersten Malen.
Ihr wißt ja schon,
daß ihr langsam vorgehen müßt
und daß ein Zuviel nicht
hilfreich ist.

Durch die erhöhte Zufuhr
der Energie der weißen Farbe,
des weißen Lichtes,
wird das Chakra angeregt
zu schwingen, zu rotieren,
und somit mehr seine Aufgabe
vollziehen zu können.
Es kommt in Bewegung
durch eure Aufmerksamkeit.
Es kann dadurch mehr
Energie in euch hineinleiten.

Über dieses Chakra
seid ihr verbunden
mit dem Kosmos.
Es ist wie der Nabel,
die Verbindungsschnur dorthin.
Es ist die Verbindung
zur Göttlichkeit
um euch herum
und in euch.
Laßt die Energie in
euch einfließen.
Achtet auf die Auswirkung
in eurem gesamten Körper.

Dann verlangsamt das
Einfließen des weißen Lichtes,
bis es ganz aufhört.
Bedankt und verabschiedet euch
bei eurem siebten Chakra.
Kommt langsam in euren Körper
und in euren Tempel (euer Zimmer) zurück.

Nun ist die Zeit gekommen, wo wir uns bei allen, die die Übungen bis hierher gemacht haben, bedanken möchten. Wir bedanken uns für eure Hinwendung zu eurer Heilung und somit zu der Heilung der Erde. Es ist uns ein Bedürfnis, die Kinder der Erde zu unterstützen auf ihrem Weg zum Licht und größerer Erkenntnis. Es ist uns eine Freude und Ehre, an dieser Aufgabe teilnehmen zu können. Über Bewußtseinsteile von uns auf der Erde wissen wir, welch langer Weg es für euch manchmal ist und wieviel Mühe es euch kostet. Wir erkennen eure Arbeit an und hoffen euren Weg mit unserem Licht zu beleuchten, damit ihr nie mutlos und traurig werdet.

Wir schenken euch unsere Freude,
unsere Liebe,
unser Licht.

Die Weltenhüter.

Teil 3
Das Miteinander der Chakren

Die Abteilungen der Chakren

Nun, da wir alle Chakren betrachtet haben, nun, da ein Bild von jedem einzelnen in euch entstanden ist, können wir mit unseren Erklärungen weiterfahren. Wir möchten als nächstes auf die Verbindungen und Auswirkungen der Chakren untereinander näher eingehen.

Zunächst einmal möchten wir mit den Abteilungen der Chakren beginnen. Wir haben sie in den vorherigen Kapiteln bereits kurz angesprochen. Es gibt vier Abteilungen, die sich alleine schon aus den Funktionsweisen der Chakren ergeben. Das Wort "Abteilung" kennzeichnet ein Aufgabengebiet, das von den zugehörigen Chakren erfüllt wird.

Die erste Abteilung beinhaltet das Wurzel-Chakra und das Sakral-Chakra, also das erste und das zweite Chakra. Die Hauptaufgabe dieser Abteilung ist die Verbindung oder Verknüpfung des Menschen mit seinem physischen Körper auf dem Planeten Erde. Das erste Chakra regelt die Erfüllung der Basisbedürfnisse wie Essen, Trinken, Schlafen, also Bedürfnisse, die wichtig sind zum Überleben. Wir sprechen hier Grundeigenschaften an. Das zweite Chakra bringt eine weitere Verankerung des Menschen in einem Körper auf dem Planeten Erde, zusätzlich zu den Eigenschaften des ersten Chakras, nämlich die Fortpflanzung, das Weiterleben der Menschheit. Beide Chakren haben also eine enge Verbindung zu dem physischen Körper und stellen physisches Empfinden her. Sie bestimmen das körperliche Geschehen. Sie bilden in gewisser Weise eine Einheit und stehen in enger Verbindung und Zusammenarbeit miteinander. Es besteht ein enger

Verbindungskanal zueinander, durch den Energie in beide Richtungen fließen kann.

Die zweite Abteilung beinhaltet das Solarplexus-Chakra und das Herz-Chakra, also das dritte und das vierte Chakra. Die Hauptaufgabe dieser Abteilung ist die Verbindung und Definition des Menschen mit seinen Gefühlen und Emotionen. Sie verankern den Menschen in seiner emotionalen Ebene, in seinem Emotionalkörper. Das Solarplexus-Chakra ist Entstehungs- und Speicherstätte von Gefühlen und Emotionen des momentanen Lebens und vergangener Leben. Es regelt generell das Nachaußentreten, das Zeigen der Gefühlswelt mit allen Aspekten, die möglich sind. Das Herz-Chakra birgt eine weitere, höhere Ebene der Gefühlswelt des Menschen in sich. Über das Herz-Chakra definiert der Mensch Liebe und Berührtheit. Über das Herz-Chakra ist es dem Menschen das erste Mal auf diesen Ebenen möglich, eigene Bedürfnisse zurückzustellen, zum Wohle anderer Menschen. Transformation des Egos ist hier das erste Mal möglich. Zwischen Solarplexus-Chakra und Herz-Chakra, die beide zur selben Abteilung gehören, liegt ein großer Frequenzbereich. Durch das Herz-Chakra können alle vorherigen und anschließenden Chakren verfeinert und vervollkommnet werden. Die Eigenschaften der Chakren können angereichert werden mit der Qualität der Liebe. Dies ist eine unabdingbare Voraussetzung zur harmonischen Schwingung aller anderen Chakren. Was ist ein Sexualakt ohne die Qualität der Liebe? Was ist ein Gedicht ohne einen Dichter mit Liebe für die Menschheit im Herzen? Was ist ein Lehrer ohne Liebe und Mitgefühl für seine Schüler? Vielleicht ist dieser Lehrer auf einer intellektuell sehr hohen Stufe und hat viel zu erklären. Doch das entscheidende Bedürfnis des Menschen nach Liebe und Respekt wird von ihm dann nicht erfüllt.

Man kann sagen, daß das Herz-Chakra seinen Sitz in der Mitte der Anordnung der anderen Chakren hat. Wie schon angesprochen, es hat eine Schlüsselfunktion für den Menschen. Der Schritt, der weltweit nötig ist, ist der Schritt, auf die Ebene des Herz-Chakras zu gelangen und von dort aus zu leben. Das dritte und vierte Chakra verankern den Menschen also mit seinem Emotionalkörper. Empfindungen, Gefühle, Emotionen zeigen sich unmittelbar in der Ausstrahlung des Emotionalkörpers, in der emotionalen Aura, die den physischen Körper umhüllt. In gewisser Weise bilden Emotionalkörper und drittes und viertes Chakra eine Einheit. Das eine könnte ohne das andere nicht existieren.

Die dritte Abteilung beinhaltet das Hals-Chakra und das Stirn-Chakra, also das fünfte und sechste Chakra. Die Hauptaufgabe dieser Abteilung ist die Verbindung des Menschen mit der mentalen Ebene. Dieses Spektrum umfaßt die gesamten Ebenen des einfachen linearen Denkens bis hin zu medialen Eingaben und Visionen. Auf der Ebene des fünften Chakras sind bereits alle Fähigkeiten des sechsten Chakras angelegt, nur auf einer etwas einfacheren Ebene. Über das fünfte Chakra empfängt der Mensch Botschaften der unsichtbaren Bereiche und sendet aus. Er steigt auf die Ebene der Intuition und Phantasie, die er beginnt in seiner Kreativität auszudrücken. Über das sechste Chakra erreicht der Mensch geistige Klarheit, die ebenfalls in Verbindung steht mit seiner Intuition. Er läßt sich klar von ihr leiten. Er erreicht Übersicht über sein Leben und das der Menschheit. Es ist die höchste Stufe der mentalen Ebene.

Das fünfte und sechste Chakra verankern den Menschen mit seinem Mentalkörper. Die Art der Gedanken und Eingebungen spiegelt sich ebenfalls unmittelbar in der Aura des Mentalkörpers wider. Diese Aura umgibt den physischen Körper und die Aura des Emotionalkörpers.

Die vierte Abteilung beinhaltet das Kronen-Chakra und ist das Verbindungsglied des Menschen mit seinem Spiritualkörper. Über das siebte Chakra erfährt der Mensch seine Göttlichkeit. Es ist Ausdruck von Erleuchtung und tiefer Spiritualität. Die Ausgeprägtheit des siebten Chakras zeigt die Art der Verbindung des Menschen mit seinem vierten Körper, dem Spiritualkörper. Meist ist der Durchschnittsmensch nicht mit seinem Spiritualkörper direkt verbunden, was gleichzeitig heißt, daß das siebte Chakra nicht aktiviert ist. Der Spiritualkörper schwebt dann in einiger Entfernung von den anderen Körpern. Wie ebenfalls schon erwähnt, ist das siebte Chakra das letzte Chakra, das wir hier behandeln wollen. Das heißt aber nicht, daß der Mensch nicht noch weitere, höhere Chakren hat. Doch wir haben hier für euch erst einmal genug Material, das bewältigt werden muß. Nicht wahr?

Die ersten drei Körper, der physische Körper, der Emotionalkörper und der Mentalkörper, sind wie eine Einheit. Die dazugehörigen Chakren sind die Verankerungspunkte für den Menschen mit diesen Ebenen, die sich alle durchwirken und gegenseitig bedingen. Aktivierung eines Chakras hat immer Auswirkungen auf die anderen, ausgenommen auf das siebte Chakra, das in dieser Hinsicht eine Spezialstellung einnimmt. Ihr könnt euch bestimmt auch vorstellen, daß die Auswirkungen immer die Spannbreite von minimal bis maximal beinhalten können. Es ist zu vergleichen mit einem Stein, der ins Wasser geworfen wird und Kreise bildet. Die inneren Kreise sind stark, bis sie langsam nach außen hin schwächer werden.

Alle Chakren sind besonders planetarischen und stellaren Einflüssen ausgesetzt. Alle Chakren sind Empfangsstationen für diese Energien. Dadurch sind auch starke Reaktionen der Menschen bei Neumond und Vollmond zu erklären. Alle Chakren reagieren besonders auf Klänge, auf Tonfrequenzen, die entweder harmonisch oder disharmonisch für sie sein können. Jedes Chakra hat eine zu ihm passende harmonische Tonfrequenz, genauso wie eine Farbfrequenz. Alle Chakren können ebenso über Duftfrequenzen beeinflußt werden. All diese Frequenzen können Einfluß nehmen auf die Chakren und damit auch auf die verschiedenen Körper.

Die Verbindungen der Chakren

Wir möchten dieses Kapitel gleich mit einer Übung beginnen. Der erste Schritt zur Aktivierung eurer Chakren war die Aktivierung jedes einzelnen Chakras, angefangen beim ersten. Der zweite Schritt wäre nun eine Übung zur Verbindung aller Chakren. Die Auswirkung der Häufigkeit der Praktizierung der Übung ist ebenso zu sehen, wie bei den einzelnen Übungen.

Beginnt die Übung wieder damit, euren Körper kräftig zu schütteln. Entledigt euch somit von groben Spannungen. Legt euch dann auf den Boden eures Zimmers. Entspannt euren Körper mit eurer Aufmerksamkeit. Schickt dabei warmes, goldenes Licht in den ganzen Körper, angefangen bei den Füßen bis hoch zum Kopf. Ihr könnt euch dazu auch eine Entspannungsübung aus den vorherigen Kapiteln aussuchen.

Dann geht mit eurer Aufmerksamkeit
an die Stelle eures Steißbeins.
Visualisiert, wie ein Strahl
von einem starken
erd-roten Licht dort hineinfließt
und wie das Chakra beginnt,
zu schwingen und sich zu freuen.
Wartet so lange, bis sich diese Stelle
wirklich aktiviert anfühlt.

Dann geht mit eurer Aufmerksamkeit
zu der Stelle in der Mitte
eurer Hüftknochen, und zwar
etwas unterhalb davon.

Laßt dort orangenes Licht einfließen.
Wartet wieder, bis sich das Chakra
aktiviert anfühlt.

Steigt so die Leiter weiter hoch
zu der Stelle eures Solarplexus und
laßt gelbes Licht einfließen.

Dann geht ihr zu der Mitte
eures Brustkorbs, in Höhe des Herzens
und laßt blaues Licht einfließen.

Danach lenkt ihr eure Aufmerksamkeit
zu eurem Hals, dort wo der Kehlkopf ist,
und laßt grünes Licht einfließen.

Weiter schreitet ihr zu der Mitte eurer Stirn,
wo ihr ein rotes Licht mit einem Anteil von
blau einfließen laßt.

Schließlich gelangt ihr hoch
zu der Mitte eurer Schädeldecke
und laßt weißes Licht einfließen.

Beginnt diese Übung immer beim ersten Chakra. Nach mindestens einer Woche könnt ihr dann diese Übung weiterführen, indem ihr, wenn ihr beim siebten Chakra angelangt seid, wieder durch alle Chakren zurück bis zum ersten Chakra geht. Dies läßt einen harmonischen Ausgleich und eine Verbindung von unten nach oben und von oben nach unten entstehen, was sehr wichtig ist.

Wir wollen euch den Vorgang, der bei dieser Übung geschieht, etwas näher erläutern. Durch die Aktivierung der einzelnen Chakren dehnen sie sich mehr aus, werden größer und weiter. Es entsteht mehr Kapazität für sie, Energie aufzunehmen und ihre Funktionen besser zu erfüllen. Sie nehmen mehr Energie auf und mit der Zeit kann Energie weitergeleitet werden. Wenn ihr beginnt, mit der Verbindungsübung zu arbeiten, wird es so sein, daß ihr nacheinander jedes Chakra einzeln aktiviert. Mit der Zeit wird es geschehen, daß sich die Ausdehnungen der Chakren immer näher kommen. Sie werden sich mit der Zeit so weit ausdehnen, daß sie sich berühren werden. Die Ausstrahlungen der einzelnen Chakren werden sich immer näher kommen, so daß ein Bild entsteht, das man mit einer Lichtsäule vergleichen könnte. Doch dies ist schon das Idealbild. Dies ist schon der Idealzustand des Menschen, eine strahlende Lichtsäule mit dem Spektrum der Farben darin. Wie schon gesagt, am Anfang werdet ihr die einzelnen Chakren nacheinander aktivieren. Mit der Zeit wird es geschehen, daß ihr sie so weit aktiviert habt, daß überschüssige Energie weitergeleitet werden kann in die nächsten Chakren und so immer mehr ein Austausch stattfindet.

Am Anfang beginnt ihr mit dem ersten Chakra und geht hoch bis zum siebten Chakra. Der Energiefluß ist hier also von unten nach oben. Ihr beginnt mit der Anregung der Aufnahme von Erdenergie. Ihr beginnt mit dem ersten Chakra, eurer Verankerung mit der Erde. Dies ist der erste Schritt und er ist sehr wichtig. Zunächst einmal müßt ihr euch mit der Erde verbinden, denn sie ist euer Experimentierfeld. Sie ist der Platz, an dem ihr eure Erfahrungen macht. Dann steigt ihr hoch bis zum siebten Chakra. Nach ein paar Wochen der Übung wißt ihr, was sie in euch bewirkt, wie sie euer Leben verändert, und ihr könnt dann mit dem zweiten Teil der Übung weiterfahren. Wenn ihr bis zum siebten Chakra hochgestiegen seid und ihr es so weit, wie es für euch möglich ist, aktiviert habt, könnt ihr

wieder zum sechsten Chakra gehen
und rotes Licht hineinfließen lassen, dann

weiter zum fünften Chakra
und grünes Licht hineinfließen lassen,

weiter zum vierten Chakra
und blaues Licht hineinfließen lassen,

weiter zum dritten Chakra
und gelbes Licht hineinfließen lassen,

dann zum zweiten Chakra
und oranges Licht hineinfließen lassen,

und wieder zurück zum ersten Chakra
und rotes Licht hineinfließen lassen.

Dadurch entsteht ein Kreislauf. Bei diesem Teil der Übung steigt ihr sozusagen die Leiter wieder hinunter. Dabei leitet ihr über das siebte Chakra kosmische Energie durch die anderen Chakren. Ihr könnt euch bei dieser Übung auch vorstellen, wie ihr zusätzlich zu der jeweiligen Chakrafarbe diese kosmische Energie in die Chakren mit hineinfließen laßt. Es wird die einzelnen Chakren enorm stärken. Es ist das, was sowieso geschieht, da über das siebte Chakra kosmische Energie in den Körper, in die Chakren, in den Menschen geleitet wird, doch in ganz minimalen Mengen. Durch die Übung wird dies jedoch verstärkt und kosmische Energie wird bis in das erste Chakra geleitet. Stellt euch das Bild vor, das dadurch entsteht. Zunächst einmal wird Energie durch den ersten Teil der Übung hochgeleitet und dann wird Energie hinuntergeleitet. Es entsteht ein Kreislauf. Ihr verstärkt dadurch die einzelnen Chakren und eine Verbindung kann entstehen. Je weiter sich die einzelnen Chakren ausdehnen, um so leichter können sie sich berühren und sich miteinander verbinden.

Bei einer einmaligen starken Aktivierung eines Chakras dehnt sich, weitet sich dieses Chakra für einen Moment so stark aus und kann so stark Energie aufnehmen, daß es den Überschuß an die anderen Chakren über die Verbindungskanäle weiterleiten kann. Wie weit diese Energie geht, das hängt ab von der Stärke der Aktivierung. Könnt ihr dieses Bild sehen? Ein Chakra wird so groß und es wird soviel Energie produziert, daß Energie frei wird und sie weitergleitet wird zu den nächstliegenden Chakren. Wir wollen das Beispiel eines tantrischen Geschlechtsaktes nehmen um euch dies noch einmal näher zu erklären. Dabei werden über die langsame Aktivierung des zweiten Chakras alle anderen Chakren angeregt. Als Beginn gehen die Partner jeder für sich in einer Meditation nach innen, dann wird langsam das zweite Chakra aktiviert. Dieses dehnt sich aus, wird immer größer, und diese meditativen Menschen leiten dann die überschüssige Energie langsam immer höher hinauf durch die Chakren. Diese Hochleitung kann allein nur durch Konzentration und Übung geschehen, durch bewußte Hochleitung der produzierten Energie. Energie wird sozusagen manipuliert, höher zu schreiten, sich zu transzendieren. Die einzelnen Chakren werden dadurch aktiviert. Je nach Bewußtheit kann dieser Mensch die Energie immer höher lenken und sich mit seinen Chakren bewußt verbinden und sie aktivieren. Der Energiefluß wird in alle Chakren geleitet. Dabei geschieht eine Verbindung der einzelnen Chakren untereinander. Eine innere Verschmelzung findet statt, ebenso wie eine äußere Verschmelzung mit dem Partner. Doch der Hauptaspekt liegt auf dieser inneren Verschmelzung der Chakren untereinander. Dadurch geschieht Einheit und Vereinigung im Menschen. Die Lichtsäule wird komplett, ausgelöst durch die Aktivierung eines Chakras. Doch die Vereinigung der Lichtsäule, wir möchten es jetzt einmal so nennen, kann auf vielen Wegen stattfinden. Ein einfacher Weg hierzu ist die Übung, die wir euch vorgeschlagen haben und bei der jedes einzelne Chakra nacheinander aktiviert wird, angefangen beim ersten Chakra bis hoch zum siebten Chakra und dann wieder hinunter bis zum ersten Chakra.

Die Schwierigkeiten der Menschen heutzutage entstehen durch einen unausgeglichen Zustand der einzelnen Chakren. Bei vielen Menschen sind vor allem das zweite und dritte Chakra aktiviert und vielleicht auch das erste Chakra, die restlichen fast gar nicht. Dadurch entsteht ein ungleiches Verhältnis der Chakren untereinander. Da bei jedem Menschen aber das Verhältnis der Aktivierung der einzelnen Chakren unterschiedlich ist und es für die meisten Menschen sehr schwer zu erkennen ist, wo die Unausgeglichenheit liegt, sind die hier angegebenen Übungen ideal. Über die Praktizierung der Übungen erfahrt ihr, wo eure Stärken und wo eure Schwächen liegen. Ist es nicht so, habt ihr es bisher nicht schon so erfahren, habt ihr nicht schon erlebt, wie stark ihr euch dadurch erfahrt? Nun, was geschieht bei einer Unausgeglichenheit der Aktivierungszustände der einzelnen Chakren? Die aktivierten Chakren treten hervor und bestimmen sozusagen den Ablauf des Lebens. Ist das zweite Chakra am meisten aktiviert, ist das Leben des Menschen von seinem Sexualtrieb bestimmt. Er ist immer auf der Suche nach geeigneten Partnern, mit denen er seine Sexualität austauschen oder ausleben kann. Sein Leben ist durchtränkt von diesem Aspekt. Ist das dritte Chakra am meisten aktiviert, ist dieser Mensch ständig auf der Suche sich zu behaupten, sich zu zeigen oder vielleicht sogar Macht auszuüben. Ist das erste Chakra am meisten aktiviert, was wirklich sehr selten vorkommt, dreht sich bei diesem Menschen alles um die Grundbedürfnisse. Es ist ein naturverbundener Mensch, der sehr einfach lebt. Wie schaut es aus, wenn das vierte Chakra im Vordergrund steht? Wie schon angesprochen, mit der Aktivierung dieses Chakras betritt der Mensch eine neue Ebene, da es Auswirkungen auf alle anderen Ebenen hat. Durch die Aktivierung des Herz-Chakras werden auch die anderen Chakren berührt von den Qualitäten von Liebe, Einheit und Brüderlichkeit und so verfeinert und transformiert.

Eine einseitige Aktivierung des fünften, sechsten und siebten Chakras ohne vorherige Aktivierung der anderen Chakren ist nicht möglich. Erst wenn die anderen Chakren aktiviert sind, können auch sie aktiviert werden. Ihr seht, wie wichtig es ist, mit der ersten Stufe zu beginnen. Nur nach dem ersten Schritt kann der zweite Schritt geschehen. Die Aktivierung jedes einzelnen Chakras ist wichtig. Kein Chakra hat eine bedeutendere oder wichtigere Funktion als ein anderes Chakra. Jedes Chakra ist gleich wichtig. Jedes Chakra hat seine ihm eigene Funktion. Jedes Chakra hat seine ihm eigene Bedeutung und seine Wichtigkeit für die anderen Chakren. Jedes ist gleichwertig und alle sind miteinander verbunden und bedingen einander.

Nun ist es aber auch möglich, daß ein Mensch ein geöffnetes viertes Chakra hat, aber ein nicht so aktiviertes erstes, zweites oder auch drittes Chakra. Meist ist es für diesen Menschen allein nur nötig, die Kontaktaufnahme wieder herzustellen und sich die Gründe anzusehen, warum er diese Ebenen, diese Chakren in sich verschlossen hat. Warum er sie nicht voll funktionieren läßt. Meist sind die Ursachen alte Schmerzen aus vergangenen Erfahrungen. Versteht, die Chakren sind wie sehr sensible empfindliche Hochleistungsgeräte, die immer gut instand gehalten werden müssen. Besonders wenn ihr beginnt, mit den Chakren zu arbeiten, müßt ihr sie regelmäßig reinigen und aktivieren. Es ist dasselbe wie mit eurem Körper, den ihr ja auch reinigen müßt. Tut ihr dies nicht, sammelt ihr Schmutz an. Genauso ist es mit den Chakren. Ihr sammelt Verunreinigungen an, wenn ihr euch nicht euren Problemen, Sorgen, Ängsten und Verletzungen stellt, die ihr über eure vielen Leben hinweg angesammelt habt. Besonders wenn ihr mit der Arbeit an den Chakren beginnt, müßt ihr regelmäßig mit ihnen arbeiten, müßt ihr sie regelmäßig aktivieren, damit sie mit der Zeit wieder in ihre Ursprungsfrequenz kommen können. Schwingen sie in ihrer Ursprungsfrequenz, dann können sie viel leichter mit einem momentanen Schmerz oder einer momentanen Verletzung umgehen. Vor allem, wenn ihr sie sofort wieder reinigt und euch diesen Schmerzen stellt. Leugnet ihr Empfindungen solcher Art, sammelt ihr mit der Zeit Schmutz an. Dadurch können die Chakren nicht normal schwingen und es ist etwas wie ein Störfaktor in ihrer Schwingung. Dies kann soweit gehen, daß das Chakra fast ganz gelähmt wird. Wir nahmen das Beispiel von dem Menschen mit einem geöffneten Herz-Chakra und mit einem nicht so aktiven zweiten Chakra, um euch dies zu erläutern. Ursache für den Zustand seines zweiten Chakras können Entäuschungen in vorherigen Partnerschaften gewesen sein. Es ist leichter für diesen Menschen, das zweite Chakra wieder in Schwung zu bekommen, als für einen Menschen, dessen zweites Chakra geöffnet ist und der auf die Ebene des vierten Chakras kommen muß.

Wir hoffen, wir haben euch durch dieses Beispiel angedeutet, daß es viele unterschiedliche Möglichkeiten der Aktivierungszustände der Chakren gibt. Bei jedem Menschen sieht der Zustand der Chakren anders aus. Jeder Mensch ist einzigartig und einmalig, somit sind es auch seine Chakren. Jeder Mensch hat eine etwas andersgeartete Zusammenstellung der Chakren. Es gibt soviele unterschiedliche Möglichkeiten, wie es eben Menschen gibt. Deswegen gibt es eigentlich keine Grundregeln. Deswegen kann man pauschale Aussagen nicht machen, wenn es um Aussagen über das Gesamtzusammenspiel der Chakren eines Menschen geht. Wir können Aussagen machen über die Bedeutung und Wichtigkeit der einzelnen Chakren, aber wir können keine Aussagen machen über die Zusammenspiele der Chakren generell, da es eben unendliche Mögichkeiten gibt, wie und was alles bei den Menschen passieren kann. Alle unsere Aussagen über die einzelnen Chakren waren allgemein, vor allem auch die Aussagen über die Krankheiten, und ihr dürft sie nicht zu eng gesteckt sehen. Krankheiten können soviele Ursachen haben, und jeder kranke Mensch muß einzeln ganz genau betrachtet werden. Ebenso muß eine Fehlschwingung eines Chakras ganz genau betrachtet werden. Wir können also Aussagen machen über die einzelnen Chakren und was sich generell über sie abspielt.

Wir können auch Aussagen machen, wie ein Mensch aussieht, wenn alle seine Chakren in Harmonie miteinander schwingen. Doch bevor alle miteinander in Harmonie schwingen, gibt es unendlich viele Möglichkeiten des Zusammenspiels der Chakren.

Bevor die Verbindungen zwischen den einzelnen Chakren möglich sind, ist natürlich Vorbedingung, daß die Chakren auch funktionieren. Nur ein voll funktionsfähiges Chakra kann Energie weiterleiten und kann so in Verbindung stehen mit einem anderen schwingenden Chakra. Wenn dieses Chakra nicht schwingt, kann es keine Verbindung herstellen. Verbindung zwischen den Chakren geschieht zwar immer über die Kanäle, doch eben nur minimal. Erinnert euch an das Bild, das wir euch einmal gegeben haben von einem kleinen Rinnsal, von einem kleinen Bächlein, das langsam im Sand versickert. Ähnlich ist es auch mit den Verbindungen untereinander, wenn die Chakren nicht voll aktiviert sind. Verbindung geschieht dadurch, daß Energie weitergeleitet wird. Dies geschieht wieder in der Spannbreite von minimal bis maximal.

Laßt uns noch einmal wiederholen. Energie tritt in das Chakra ein. Durch die Übungen könnt ihr die Funktion des Chakras vergrößern. Dadurch geschieht, daß das Chakra mehr Energie bekommt, leichter und besser schwingen kann, sich somit mehr öffnet, noch mehr Energie aufnimmt und schneller rotiert und es wird mehr Energie, oder laßt es uns so sagen, mehr Elektrizität erzeugt. Dieser Strom wird, wenn er stark genug ist, weitergeleitet über die Verbindungskanäle zum nächsten Chakra. Dieser Strom und damit auch die jeweilige Qualität des Chakras tritt über den Verbindungskanal in das nächste Chakra ein. Wenn ihr es dann auch noch durch die Übung aktiviert, bekommt es Energie von beiden Seiten. Von außen durch die Farbe und über den Verbindungskanal. Dies ist die eine Art der Verbindung der Chakren untereinander. Es gibt aber noch eine, schon erwähnte Möglichkeit der Verbindung der Chakren untereinander, und zwar die, die wir als Lichtsäule angesprochen haben. Dies geschieht, wenn sich die Chakren durch große Energiezufuhr so sehr ausdehnen, daß sich die Spannbreite der Chakren so sehr vergrößern und sie so groß erstrahlen, daß sie sich gegenseitig berühren und somit vereinen. Die eine Art der Verbindung geschieht also über die Weitergabe von Elektrizität durch die Verbindungskanäle. Die andere Art der Verbindung geschieht über die Ausstrahlung, über das Licht der einzelnen Chakren. Dies ist die komplette Vereinigung, und es ist ein wunderbares Bild, das dann entsteht. Es ist ein Bild, von dem wir uns wünschen, ihr könntet es auch mit eurem inneren Auge erblicken. Versucht es einmal. Haltet inne im Lesen, legt euch hin, entspannt euch und laßt dieses Bild vor euch entstehen. Das Bild zeigt die einzelnen Chakren übereinander. Es ist ein Bild mit den Farben Erd-Rot, Orange, Gelb, Blau, Grün, Rot und Weiß. Diese Farben verfeinern und transzendieren sich immer mehr und fließen ganz sanft ineinander über. Alle Farben werden sehr transparent, durchscheinend und leuchtend. Es ist ein Bild von hoher Ausstrahlung und Vollkommenheit. Es ist ein Bild von dem Idealzustand von euch. Unsere Aufgabe ist es euch dabei zu helfen, diesen Idealzustand zu erreichen. Wir lieben euch und senden euch diese Liebe durch unsere Worte. Worte sind nichts ohne die Liebe dahinter.

Nun laßt uns weiterfahren und dieses Kapitel abschließen. Elektrizität kann also über die Verbindungskanäle weitergeleitet werden, und zwar in alle Richtungen. Von unten nach oben und auch von oben nach unten. Alles ist möglich. Vorbedingung ist, daß das jeweilige Chakra aktiviert ist, daß es funktioniert, daß es schwingt. Es existiert also nicht nur ein Kanal, der von unten nach oben läuft, es muß also auch einen Kanal geben, der von oben nach unten läuft, und somit gibt es auch noch viele andere Kanäle, die die einzelnen Chakren miteinander verbinden. Es ist, wie schon oft angesprochen, ein hochkompliziertes Energienetz, das zunächst einmal aus den einzelnen Chakren besteht und dann noch aus den Verbindungskanälen untereinander. Die Beschreibung der einzelnen Verbindungskanäle ist hier nicht von so großer Wichtigkeit und Bedeutung. Wichtig ist zu wissen, daß sich die Chakren gegenseitig bedingen und alle miteinander in Verbindung stehen.

Teil 4
Die Farben

Die Bedeutung und der tiefere Sinn der Farben

Die Bedeutung der Farben wird in den letzten Jahren von euch wiederentdeckt. Immer mehr werden sie eingesetzt zur Heilung und Unterstützung des Menschen. Jeder von euch weiß, daß Farben wirken. Jeder von euch hat schon einmal ein Bild betrachtet und dabei die Wirkung der Farben gefühlt. Oder jeder von euch hat schon einmal ganz bewußt ein Kleidungsstück nach der Farbe und der dazugehörigen Stimmung ausgewählt. Vielleicht war euch dies nicht so bewußt, aber ihr habt es bestimmt schon einmal getan. Somit *weiß* jeder, daß Farben im Menschen etwas bewirken, doch wie und durch was geschieht das?

Farben haben bestimmte Frequenzen, bestimmte Schwingungen. Ein Lichtstrahl enthält das ganze Spektrum der Farben. Vieles ergibt ein Ganzes! Wird dieses Ganze aufgespalten, ergeben sich verschiedene Aspekte des Ganzen. Weiß enthält alle Farben, schließt alle Farben ein, ist alles, ist das Ganze. Alle anderen Farben sind Aspekte des Ganzen und korrespondieren mit den dazugehörigen Aspekten von euch. Schwingungen der Farben korrespondieren mit den dazugehörigen Schwingungen bestimmter Anteile in euch. Bestimmte Farben korrespondieren mit menschlichen Zuständen und lösen sie aus. Alles ist *in* Schwingung. Das hat nichts mit der materiellen festen Ebene zu tun. Und wenn alles in Schwingung ist, strahlt es auch eine bestimmte Energie oder Frequenz aus. Es ist so einfach, und wir möchten euch wieder ein Beispiel geben. Stellt euch dieses bestimmte Bild von Van Gogh vor mit den Sonnenblumen. Es ist ein berühmtes Bild, und fast jeder kennt es. Dieses Bild wirkt auf die Menschen stärkend und froh stimmend. Es erzeugt über die Farbe und den Malstil bei euch Stärke und Freude. Dann stellt euch ein Bild vor, das in düsteren Mischfarben gemalt ist. So ein Bild kann in euch nie Freude auslösen oder stärkend wirken. Es erzeugt eher Mutlosigkeit und Hoffnungslosigkeit in euch.

Farben sind ein kraftvolles Instrument, etwas auszudrücken, und wir möchten euch auf die Bedeutung dessen ausführlich hinweisen. Eure Einstellungen zum Leben allgemein drücken sich in den Farben aus, mit denen ihr euch umgebt, sei es in eurer Kleidung, in eurer Wohnung usw. Über Farben kann man auf Menschen ganz gezielt einwirken, entweder positiv oder negativ, je nachdem, welche Absicht man hat. Man kann Menschen mit einer bestimmten Farbeinwirkung schwächen und mit einer anderen Farbeinwirkung stärken. Früher gab es Geheimlehren über die Wirkung der Farben. Jetzt ist eine Zeit angebrochen, wo ein großer Teil dieser alten Geheimlehren an die Öffentlichkeit kommt. Es ist keine Zeit mehr für Geheimlehren. Es ist die Zeit angebrochen, wo alles versucht werden muß, die Menschen zu heilen. Es ist die Zeit, wo alles für die Heilung der Menschen eingesetzt werden muß. Deswegen schießen jetzt alle möglichen Heilslehren und Heilweisen aus dem Boden, und es werden alte, lang verborgene Heilverfahren wiederentdeckt. Alles hat seinen Sinn und seine Bedeutung!

Wir wissen um die unterschiedlichsten Aussagen von Menschen über die Bedeutung von Farben. Wir sprechen hier zu euch, um nicht noch eine neue Theorie zu all den anderen hinzuzugeben. Wir geben euch unser Wissen weiter, damit ihr überprüft, ob euch das Gesagte entspricht, ob ihr mit dem Gesagten übereinstimmen könnt, da es auch euer Erleben ist. Wir sind nicht daran interessiert, daß ihr etwas *glaubt*, sondern daß ihr etwas existentiell erfahrt und dann selbst *wißt*. Die Zeit des Glaubens, des blinden Übernehmens von Wahrheiten ist vorbei. Die Zeit ist gekommen, wo ihr erwachen müßt aus eurer Unterwürfigkeit irgendwelchen Autoritäten gegenüber und wo ihr euch eurer *eigenen* Wahrheit aufrecht stellen müßt. Ihr müßt Verantwortung dafür übernehmen, was ihr als eure Wahrheit anerkennt und was nicht. Dies wollten wir zunächst einmal mit euch klären, bevor wir weiterfahren. Also, überprüft genau, was für euch stimmt und was nicht. Denn es gibt so viele unterschiedliche Aussagen über Farben, wie auch über alles andere. Wie wollt ihr euch für etwas entscheiden? Wer kann für euch die richtige Instanz sein, die entscheidet? Wenn nicht *ihr* entscheidet, werden es immer andere tun, und es werden immer neue Menschen kommen, mit immer neuen Meinungen, die euch überzeugen wollen. Und ihr steht dann nur noch mit großen Augen da und wißt nicht mehr, was ihr glauben sollt. Ist es nicht so? Hat dies nicht schon jeder von euch erlebt, wenn er nicht selbst die Verantwortung übernommen hat? Wir wollen euch ermuntern und ermutigen, zu eurer eigenen inneren Stärke und eurem Wissen zu erwachen und danach zu gehen.

Farben sind also die Verkörperung jeweils eines Aspektes des Ganzen. Nur Weiß ist die Verkörperung des Ganzen. Oder man kann es auch so ausdrücken, daß Weiß der gesamte Lichtstrahl ist, der alle Farben beinhaltet. Wird dieser Strahl gebrochen oder umgeleitet, so zeigen sich bestimmte Abstufungen, bestimmte Anteile der Farben des Lichts. Und Licht ist die Verkörperung des Heils, der Heiligkeit, der Erleuchtung. Da wo Licht hinfällt, kann keine Dunkelheit existieren. Licht ist für euch Leben und Vollkommenheit. Ohne Licht könntet ihr nicht lange überleben. Licht und Farbe ist für euch also überlebenswichtig. Es existieren bei euch in Büchern und Filmen Zukunfts- und Schreckensvisionen von einer Welt, die hochtechnisiert ist, in der jeder Mensch eine Nummer hat und wo alles Grau ist. Dort sind die Häuser, die Möbel, die Kleidung, alles ist grau. Und die Menschen leben zwar noch, sind aber eher schon wie Roboter und innerlich tot. Es ist heute *noch nicht* so, aber es könnte so werden! Es ist zwar eine Zukunftsvision, aber stellt euch vor, ihr würdet in so einer Welt tatsächlich leben. Oder überprüft einmal, inwieweit sich euer momentanes Leben schon dieser Zukunftsvision nähert! Die Farbe Grau in dieser Vision symbolisiert die Hoffnungslosigkeit der Lebenssituation der Menschen. Und tatsächlich wirkt Grau so. Seid ihr überall von Grau umgeben, wirkt das deprimierend auf eure Gefühle ein. Euer Gefühlskörper braucht Licht und Farbe, um überleben zu können und um erhabene Gefühle produzieren zu können. Dieses Beispiel der Zukunftsvision brachten wir, um zu veranschaulichen, daß Licht und Farbe für euch lebensnotwendig sind.

Die Chakra-Farben

Wir möchten mit der Farbe der Sonne beginnen. Der Planet Sonne schenkt euch Licht. Dieses Licht gibt euch über den Solarplexus Energie und Kraft, für euch und eure Interessen aktiv zu werden. Aber vor allem ist die Sonne für euch ein Lebensspender in jeder Hinsicht. Die Sonne läßt die Pflanzen wachsen und gibt euch so Nahrung. Nach einem langen Winter, wenn die Tage wärmer werden, entsteht in euch wieder mehr Lebenslust und Freude, und gerade in dieser Zeit werden die meisten Kinder gezeugt.

Gelb *symbolisiert die Sonne und das Leben und die Kraft und die Freude daran.*

Jede Farbe hat in sich natürlich auch Abstufungen. Jede Farbe enthält die Palette von ganz hell bis tiefdunkel, oder man kann sagen, daß jede Farbe bestimmte Erlebnisstufen in sich trägt. Ebenso muß man auch immer die Ebene betrachten, auf der die Farben vorkommen. Die Farben der Blumen und Bäume sind stark und kräftig. Sie existieren auf der physischen Ebene. Die Farben im Emotionalkörper sind ebenso stark, obwohl sie bereits auf einer feineren Ebene als der physischen Ebene existieren. Und die Farben im Mentalkörper des Menschen sind eher pastellfarben und zart, da sie schon auf einer noch viel feineren Ebene als den vorher genannten existieren. Man muß also auch die Ebenen beachten, wenn man Farben begegnet und wenn man sie *deuten* will.

Eine Farbe, die nahe an Gelb liegt, ist ***Orange****.*
Es ist ebenso eine Sonnenfarbe und
sie vermittelt Kraft, Energie und Stärke.

Genauso wie Gelb vermittelt diese Farbe den Gefühlen des Menschen Wärme und Freude. Ein warmes leuchtendes Orange lädt den Menschen auf mit Kraft. Orange beinhaltet die Komponenten zweier Farben und damit auch die Eigenschaften dieser, und zwar Gelb und Rot. Gelb ist die Sonne, das Leben, die Freude, und Rot ist zunächst einmal Energie und Kraft. Beide Anteile sind gleichmäßig in Orange enthalten. Wollt ihr eure Gefühle stärken, wenn ihr z.B. aus dem Gleichgewicht und sehr launisch seid, so könnt ihr Farbmeditationen mit einem warmen Orange machen. Dies gleicht einen schwankenden Gefühlskörper aus. Orange ist die Farbe für das zweite Chakra, und betrachtet den Zusammenhang zwischen den Farben Gelb und Rot und der Aufgabe des zweiten Chakras genau. Es hat die Aufgabe, den Menschen im Körper zu verankern, also mit seiner physischen Energie und Kraft zu verbinden, und es regelt die menschliche Sexualität. Die Farbe Rot steht für Kraft und Gelb für Leben und Freude. Beides ist in Orange vorhanden. Es ist wunderbar, nicht wahr?

Nun zu der Farbe Rot, und bei ihr müssen wir genauer auf ihre Abstufungen eingehen.

Zunächst einmal symbolisiert ***Rot*** *Kraft, Feuer*
und vorwärtsstrebende Energie.

Das sind die Grundeigenschaften, die in vielen Varianten vorkommen können. Wir möchten aber doch näher auf die beiden unterschiedlichen Abstufungen von Rot eingehen, die in den Farb-Meditationsübungen vorkommen. Das Rot des ersten Chakras liegt im tiefen Rotbereich. Es ist ein Rot, wenn wir z.B. sieben Stufen der Farben annehmen, das im untersten Bereich liegt. Es ist ein Rot der Erde, ein starkes kräftiges Rot, das Brauntöne enthält. Die *Kraft* der Erde liegt darin. Das Rot, das wir für das Dritte Auge nehmen, würden wir der höchsten Abstufung des Rotbereichs zuordnen. Es ist ein klares durchscheinendes, helles Rot. Die *Kraft* der Klarheit und des Wissens liegt darin. Dieses Rot wird der Mentalebene des Menschen zugeordnet. Der Unterschied zwischen dem Rot des ersten Chakras, dem untersten Bereich der Palette, und dem des sechsten Chakras, dem obersten Bereich der Palette, ist zu vergleichen mit einem Karneol und einem geschliffenen Rubin mit vielen Facetten. Der Karneol ist ein wunderschöner Erdstein und der Rubin ein durchscheinender funkelnder Edelstein. Anhand dieser beiden Rots versteht ihr jetzt bestimmt auch die Abstufungen der Farben.

Rot symbolisiert *immer* Kraft. Rot kann immer angewandt werden, wenn es weitergehen soll, wenn Energie vermittelt werden soll. Rot ist immer Energie, in welchem Sinne auch immer. Als kleines Beispiel, ihr lauft rot im Gesicht an, wenn ihr wütend seid. Ihr lauft aber auch rot im Gesicht an, wenn ihr euch freut oder einen geliebten Menschen wiederseht. Energie wird in allen Fällen freigesetzt! Dieses Rot zeigt sich dann auch in eurer emotionalen Aura. Im ersten Fall zeigt sich dort Rot als ein aggressives Aufflammen von blitzähnlichen Zacken und in den beiden anderen Fällen als ein wolkenartiges Aufwallen von Rot und Rosa. Leicht aufbrausende, aggressive Menschen sollten also sparsam mit Meditationen, die im Rotbereich liegen, umgehen und nur Rot anwenden, wo wir es empfohlen haben. Zunächst einmal sollten diese Menschen ihre Emotionen mit der Farbe Orange ausgleichen und stärken, in der ja in abgeschwächter Form Rot vorliegt.

Farben bringen Licht und Bewußtsein in euer Leben. Die unterschiedlichen Strahlen des Lichts, die Farben, beeinflussen und verbessern euer Leben, und wenn ihr ihre unterschiedlichen Bedeutungen kennt, könnt ihr Farben gezielt zur Erhöhung eurer Lebensqualität einsetzen. Dem Anwendungsbereich der Farben sind keine Grenzen gesetzt. Überall können Farben eingesetzt werden, zur Meditation, zur Heilung der Seele, des Geistes und des Körpers, zur täglichen Lebensgestaltung zu Hause und im Beruf. Es gibt keine Grenzen. Früher gab es auf eurer Erde viel mehr Farben. Die Häuser, die Kleider waren bunter, die Tiere wurden zu Festen bunt geschmückt usw. Immer weniger wurden im Laufe der Zeit Farben benutzt, was entscheidende Auswirkungen auf die Psyche und das Bewußtsein der Menschen hat. Das Leben ist nicht mehr so froh wie früher, nicht mehr so bunt im wahrsten Sinne des Wortes.

Wir kommen zu der Farbe Blau. Blau ist eine sehr tiefsinnige Farbe, wie auch die Gefühle der Liebe sehr tief gehen können. Auch hier betrachten wir die Abstufungen des Blaus. Sie gehen von einem tiefen Dunkelblau, das schon fast an Nachtschwarz erinnert, bis zu einem klaren hellen funkelnden Blau. In dieser Farbe ist die unendliche Tiefe des Ozeans enthalten, wie auch das leichte Dahinplätschern eines klaren Gebirgsflusses.

***Blau** symbolisiert die Unergründlichkeit und Weite des Seins.*

Und so wie alle Ozeane, Meere, Seen und Flüsse miteinander verbunden sind und sich gegenseitig speisen, sind auch wir alle miteinander verbunden. Blau symbolisiert, daß es immer weiter und tiefer gehen kann, so wie sich das Herz in immer größer werdender Liebe weiten und öffnen kann. Liebe kennt keine Grenzen, keine Moral, keine Schranken, die man nicht überwinden könnte. Blau ist Nahrung für das Herz. Es kann sich damit entspannen und wohlfühlen und seine eigentliche Arbeit, nämlich zu verstehen und zu lieben, wieder aufnehmen. Deswegen solltet ihr in eurer Wohnung wenigstens ein großes Bild mit allen Blautönen haben, so daß ihr es z.B. abends nach eurer Arbeit betrachten könnt und die Anspannung des Tages von euch fällt. Blau wirkt beruhigend. Auf viele wirkt Blau, besonders wenn viele Dunkeltöne vorhanden sind, bedrohlich. Sie werden erinnert an diese Unergründlichkeit und Tiefe ihres Seins und haben Angst davor. Solltet ihr euch auch angesprochen fühlen, so experimentiert eine Zeit intensiv mit dieser Farbe und freundet euch mit ihr an und somit auch mit der Unergründlichkeit des Seins, was euer Leben sehr bereichern wird. Eure anfänglichen Gefühle der Winzigkeit und des Bedrohtseins werden umschlagen in Gefühle der Einheit und Verbundenheit mit Allem.

*Die Farbe **Grün** ist Symbol für ewiges Wachstum und Kreativität.*

Die Kreativität der Erde zeigt sich in immer neuen und auch wiederkehrenden Variationen von Grün in den Bäumen, Pflanzen, Büschen, Blumen. Alles ist im Wachstum. Alles kommt und geht und bildet sich weiter. Alles verläuft in Wellen, ist in Schwingung. Der ewige Kreislauf des Sterbens und des Wiedergeborenwerdens und das Wissen darum, ist enthalten in Grün. Das Wissen um diese Weisheit liegt in euren Zellen. Ihr wißt, daß ihr ständig sterbt und wiedergeboren werdet. Alte Zellen sterben ab, neue werden gebildet. Wachstum geschieht ständig. Ebenso ist es mit eurem Bewußtsein, wenn ihr im Fluß des Universums mitfließt. Doch leider wollen die Menschen heutzutage nur leben und nicht mehr sterben, ja nicht einmal geboren werden, denn auch das ist mit Schmerzen verbunden. Nur leben erscheint ihnen am sichersten. Tod ist eine Bedrohung für sie. Sie hören nicht mehr auf das Rauschen in ihren Zellen, das ständig von Vergehen und Werden erzählt. Grün beinhaltet, symbolisiert dieses Wissen. Umgebt euch mit Grün, tragt grüne Kleidung, stellt Pflanzen in euer Zimmer, geht in den Wald zu den Bäumen und stimmt euch auf sie ein. Auch sie tragen dieses ewige Wissen in sich. Und Grün in das fünfte Chakra einfließen zu lassen, wird euch helfen, euch diesem Wissen wieder anzunähern. Es wird euch helfen, euch zu vereinigen mit all euren inneren Anteilen und gemeinsam mit ihnen zu wachsen und die Früchte dessen nach außen zu tragen. Diese Vereinigung, dieses Zusammenwachsen läßt in euch eine Zufriedenheit und Ruhe entstehen, die ihr bis dahin noch nicht gekannt habt. Grün überträgt und vermittelt diese Ruhe, wenn ihr euch auf diese Farbe einstimmt. Haben die Farben nicht eine wunderbare Wirkung? Hat nicht alles einen Sinn und eine Bedeutung und ist wie ein Puzzlestein in einem großen Spiel? Betrachtet ihr die einzelnen Puzzlesteine genauer und laßt euch auf sie ein, erkennt ihr ihre Bedeutung und ihren Zusammenhang im Großen. Soviel gibt es noch für euch zu entdecken, soviele Abenteuer zu beschreiten.

*Die Farbe **Weiß** symbolisiert Reinheit,
Vollkommenheit und Erleuchtung.*

Sie ist Ausdruck höchster Vervollkommnung. Alle Strahlen des Lichts haben sich gefunden und vereinigt und ergeben ein Ganzes. Alle Anteile des Ganzen sind zusammengeführt und vorhanden. Weiß war schon immer das Zeichen für absolute Reinheit. Diese Farbe strahlt sehr viel Energie aus, sie ist ein enormer Energiespender. Weiß aktiviert in euch eure Reinheit, eure Vollkommenheit, eure Erleuchtung, und immer an dem Punkt, an dem ihr steht. Macht ihr Meditationen mit Weiß, indem ihr euch nach einer anfänglichen Entspannung einfach auf diese Farbe einstellt, werdet ihr die anregende Wirkung spüren. Weiß ist eins mit Licht, und je mehr ihr fähig werdet, Licht in euch aufzunehmen, um so kompletter und vollkommener werdet ihr. Eure Entwicklung ist ganz einfach zu erklären. Je mehr Licht ihr in euch zulassen könnt und somit alte dunkle, unreine Stellen in euch vertreibt, um so vollkommener werdet ihr. Eure Entwicklung geht dahin, ein vollkommener Lichtträger zu werden. Auf dem Weg dorthin arbeitet ihr alle eure Qualitäten aus. Es ist zu vergleichen mit einem klaren geschliffenen Diamanten. Auch er symbolisiert höchste Reinheit und Vollkommenheit, und die vielen funkelnden Facetten strahlen die zur höchsten Reife ausgebildeten Qualitäten aus. Betrachtet ihr den Diamanten im Licht, so seht ihr, wie er alle Farben enthält. Alles ist zur höchsten Reife gebracht. Ein ebenso gutes Beispiel für diese Vollkommenheit ist die Spitze eines klaren Bergkristalls. Alles in ihm hat auf den Punkt der Spitze hingearbeitet und sich dahin ausgerichtet. Jeder Kristall erzählt eine andere Geschichte über seinen Weg zu dieser Zentriertheit. Die Spitze eines klaren Bergkristalls ist für euch richtungweisend. Sie zeigt euch, daß ihr noch weiter und weiter voranschreiten, euch noch weiter vervollkommnen und noch mehr Licht aufnehmen könnt. Vor allem zeigt sie, daß es möglich ist, sich zu vervollkommnen. Ein Bergkristall führt euch die Schönheit der Erleuchtung, der Ausgerichtetheit auf das Licht vor Augen. Kristalle sind deswegen für euch von großer Bedeutung. Sie helfen euch, euch ständig an eure Erleuchtung zu erinnern! Betrachtet ihr einen Kristall, so können all die Ereignisse des Tages leicht von euch fallen, weil ihr fasziniert seid von seiner Schönheit. Sie helfen und unterstützen euch auf eurem Weg. Deswegen solltet ihr alle wenigstens einen kleinen Kristall bei euch haben. Einen, den ihr speziell für die Aufgabe auswählt, euch an euer Licht und eure Erleuchtung zu erinnern. Dankbar werden die Kristalle diese Aufgabe übernehmen.

Welch andere Farbe als Weiß wäre also in Übereinstimmung mit der Aufgabe des siebten Chakras. Diese Farbe und dieses Chakra gehören einfach zusammen. Sie sind identisch miteinander.

Zusätzliche Chakra-Farben

Nun möchten wir noch Farben, die nicht unbedingt zu den reinen Chakra-Farben gehören, die aber doch wichtig für euch sind, erwähnen.

Beginnen wir mit Violett.

***Violett** symbolisiert das Wunderbare, das Mystische.*

Vielen Menschen ist die Verbindung hierzu entglitten oder sie streiten es ab. Violett ist die Verbindung von Blau und Rot. Erinnert euch, was wir über diese beiden Farben gesagt haben. Blau ist die Unergründlichkeit und wird dem Herzen zugeordnet. Das Rot, das in Violett vorhanden ist, ist ein klares helles Rot und symbolisiert die Kraft der Klarheit und des Wissens. Violett ist die Symbiose dessen und kann deswegen die Farbe für das Dritte Auge und für das Herz-Chakra sein. Immer sind dann auch die Qualitäten des anderen Chakras angesprochen, wenn man diese Farbe anwendet. Violett im Dritten Auge angewandt beinhaltet, daß die Qualität des Herz-Chakras zusätzlich aktiviert ist. Violett im Herz-Chakra angewandt heißt, daß auch die Qualität des Dritten Auges aktiviert wird. Dies ist für beide Chakren äußerst wichtig! Es bedeutet für sie die Verbindung von Liebe und Klarheit. Die Bewußtseinsstufe, die Violett anspricht, ist also bereits eine sehr hohe und vollkommene. Wenn diese beiden Chakren, das vierte und sechste, in enger Verbindung miteinander arbeiten, geschieht das zum großen Wohle für die Person und seiner Mitmenschen. Denn es ist ein Mensch mit großer Klarheit und

Verständnis, bei dem sich viele Rat einholen können. Die Klarheit dieses Menschen wirkt auf sie nie überheblich oder höher gestellt als sie, so daß nie minderwertige Gefühle in ihnen ausgelöst werden. Dies ist nur möglich, wenn Klarheit in Verbindung mit der Liebe ist, mit dem Wissen und Empfinden darum, daß jedes Wesen einzigartig und vollkommen und auf seinem Weg ist. Für Menschen, die diese Ebenen in sich aktiviert haben, sind Wunder das Natürlichste der Welt! Für sie gehört das Mystische so sehr zum Leben wie das tägliche Brot. Violett ist das Mystische, das Wunderbare, der Aufstieg in höhere Ebenen!

Die nächste Farbe, die wir besprechen wollen, ist Rosa.

***Rosa** ist wie ein Balsam für Herz,*
Seele und Körper.

Sie ist wiederum eine Mischfarbe und setzt sich aus den Komponenten Weiß und Rot zusammen. Weiß enthält alle Farben, wie schon gesagt, und ist Symbol von Reinheit. Rot ist Kraft und Energie. Hier vereinigen sich zwei Energiefarben zum Wohle der Menschen. Beide zusammen schwächen sich in der Art ab, daß ihre Quälitäten sanfter und subtiler werden und von allen Chakren quasi aufgenommen werden können. Beide Farben sind sehr starke Energiefarben, und durch ihre Verbindung können sie ihre Botschaften von Reinheit und Kraft in kleinen Portionen weitergeben. Rosa wirkt sehr sanft auf den Gesamtorganismus ein. Es ist gleichzeitig entspannend, sich mit Rosa zu umgeben, gleichzeitig aber auch kraftspendend, anregend. Es ist wie eine Aufbaukur für den Organismus. Rosa ist eine "Loslass"-Farbe und unterstützt oder regt den Menschen an, von alten hemmenden Mustern loszulassen zum Wohle seiner Entwicklung und für einen Neubeginn. Rosa kann starke Kettenreaktionen im Energiesystem auslösen, eben durch Loslassen alter Verkrampfungen. Die Energie kann wieder weiterfließen. Mit Rosa kann man sich umgeben, wenn man sich festgefahren fühlt und nicht weiß, wie es weitergehen soll, oder wenn man sich mutlos fühlt. Rosa ist die "Loslass"-Farbe in der Palette. Sie wirkt sanft, subtil und doch kraftvoll.

***Gold** symbolisiert die universale heilende Energie.*

Gold wirkt auf den menschlichen Organismus heilend ein und kann zusätzlich mit allen Farben in den Farb-Meditationsübungen angewandt werden, außer beim siebten Chakra. Dieses Chakra benötigt nicht unbedingt Heilung, sondern eher Öffnung. Ist also ein Chakra sehr angeschlagen oder ist ein Teil des Organismus krank, kann man zusätzlich mit der dazugehörigen Farbe auch Gold an die erkrankte Stelle fließen lassen. Es wirkt dann verstärkt heilend und lindernd. Gold wird also bei den Meditationsübungen eher als Zusatz-Heilfarbe und nicht alleine angewandt.

Alle anderen klaren Mischfarben, zusammengesetzt aus den Chakra-Farben, könnt ihr nach ihren Grundbedeutungen, die wir hier angegeben haben, deuten. Türkis ist die Verbindung von Blau, Grün und manchmal auch Gelb und spricht somit das vierte, fünfte und dritte Chakra an. Gelbgrün spricht das dritte und fünfte Chakra an, was sehr heilsam ist, usw. Ihr habt somit eine Matrix, nach der ihr die Farben größtenteils deuten könnt.

Weitere Farben

Alle Farben, die wir jetzt besprochen haben, können ihren Glanz und ihre ursprüngliche Bedeutung verlieren, wenn man Grau beimischt. Und deswegen möchten wir noch einmal die Wirkung von Grau erklären. *Grau* wirkt auf den menschlichen Organismus Energie vermindernd, mutlos stimmend, trübe machend. Es ist nicht etwas, was der Mensch braucht, sondern im Gegenteil, was der Mensch meiden sollte. Es ist in etwa so wie mit dem Beispiel von der Kirsche und der Tollkirsche. Das eine schmeckt gut, das andere wirkt tödlich auf den Menschen. Bestimmte Dinge sind zum Wohle, andere nicht. Grau ist nicht zum Wohle der Menschen. Ist der Mensch traurig und mutlos, hat er keine Freude am Leben, zeigt sich das z.B. in seiner emotionalen Aura in grauen Schleiern. Die Aura ist quasi verhangen mit grauen Schleiern. Grau wird heutzutage an manchen Stellen sogar bewußt eingesetzt, um Menschen zu schwächen und um sie zum Aufgeben ihres Lebenswillens zu manipulieren. Seid also sehr bewußt und paßt einmal auf, wo und wie Farben im täglichen Leben eingesetzt werden. Das heutige Geschäftsleben ist sehr geprägt von Grau. Männer in dunklen oder grauen Anzügen wirken seriös in der Geschäftswelt. Farben bei Männern sind dort verpönt. Die Ernsthaftigkeit herrscht. Das Lachen und die Freude am Leben wird kalkulierend beäugt. Lebendigkeit gilt als Verrücktheit! Zahlen und Verdienst haben die entscheidende Rolle in ihrem Leben übernommen. Eine Wolke von ständiger Kalkulation schwebt um diese Menschen. Dies paßt in gewisser Weise mit Grau zusammen.

Doch Leben ist farbig und bunt. Leben ist Bewegung und Lachen und Freude und Spiel. Leben ist niemals Berechnung und Stillstand. Leben ist verrückt und nicht immer zu erklären. Jeder, der leben möchte, umgibt sich mit Farben und Licht.

Eine Farbe gibt es noch zu besprechen, und das ist *Schwarz.* Sie gehört natürlich auf keinen Fall zu den Chakra-Farben und wird auch nicht angewandt bei den Übungen. Doch wir wollen euch auf die Wirkung dieser Farbe hinweisen, da ihr sie zu bestimmten Dingen einsetzen könnt. Schwarz ist *Energie schluckend* und kann von euch eingesetzt werden, um Energien von euch fernzuhalten, abzuweisen oder eben zu *verschlucken.* Man kann auch sagen, Schwarz wirkt wie ein Blitzableiter. Fühlt ihr euch an manchen Tagen verletzlich und müßt mit vielen Menschen zusammenarbeiten, so könnt ihr ein schwarzes Kleidungsstück wählen zu eurem Schutz. Es legt sich dann wie ein Schutzmantel um euch herum und hält Fremdenergien von euch fern. Doch ihr müßt euch klar darüber sein, daß es auch auf eure Gefühle negativ einwirken kann, wenn ihr euch nicht der Wirkung bewußt seid. Schwarz kann man auch vergleichen mit dem Ausdruck "black hole", das schwarze Loch, das alles verschluckt, in dem alles verschwindet. Diese Farbe kann euch also schützen, wenn ihr euch klar darüber seid und ihr ansonsten mit Farben bewußt arbeitet. Schwarz ist sehr intensiv in der Wirkung und wird heutzutage von den Menschen oft als Symbol für Tod gewählt. Wir würden sie eher nehmen als Symbol für Verschwinden und Ab- oder Umleiten von Energien. Schwarz hat eine sehr harte Wirkung vor allem auf den Emotionalkörper und wirkt für ihn erschreckend. Schwarz ist wie ein Alarmsignal für ihn, aufmerksam und bewußt zu sein, um nicht verletzt zu werden. Andererseits kann Schwarz auch, wenn es sparsam angewandt wird, die anderen Farben noch mehr hervorheben lassen und ihre Leuchtkraft zeigen. Als Beispiel hierfür möchten wir eine vollerblühte rote Rose in einer schlanken schwarzen Vase nehmen. Die Leuchtkraft, die Schönheit tritt dadurch noch mehr hervor. Man muß also um die Bedeutung von Schwarz wissen und es dort einsetzen, wo es gebraucht wird. Wir sehen diese Farbe weder negativ noch positiv, sondern eher als neutral an. Sie hat ihre Qualitäten, die man einsetzen kann, wenn es an der Zeit ist. Auf keinen Fall sollte man Schwarz in die Chakren einfließen lassen, das wäre für sie wie ein Energietod. Die Chakren benötigen immer die Chakra-Farben, die wir hier ausführlich beschrieben haben.

Farben sind Licht,
Farben sind Leben!

Umgebt euch mit Farben.
Spielt mit ihnen,
und ihr werdet erfüllt
sein mit ihrer Energie.
Jede Farbe
hat ihre eigene Botschaft,
ihre eigene Weisheit.
Jede Farbe
hat einen Schlüssel für euch
zu mehr Bewußtsein.
Macht euch diese Schlüssel zu eigen
und öffnet die Türen.

Neue Ebenen werden
sich euch erschließen und
das Wissen und Erahnen
von noch vielem mehr.
Nur ein Hauch des Wissens,
nur ein kleiner Bruchteil
wurden hier gesagt.
Der Grund dafür ist,
euch neugierig zu machen,
damit ihr selbst auf
die Suche geht.

Farben sind Licht,
Farben sind Leben!

In Liebe, Sameen Al Hoskia Ra.

Verabschiedung

Wir haben unser Arbeitskonzept für euch vollendet. Ihr wißt jetzt um die Funktionen und Bedeutungen der einzelnen Chakren. Ihr habt ein Konzept an der Hand, sie zu aktivieren und zu reinigen, und schließlich habt ihr auch eine Anleitung zu ihrer Verbindung und zu ihrem Austausch untereinander. Ebenso lerntet ihr die Bedeutung der Farben besser kennen. Mit diesem Buch habt ihr einen Baustein in der Hand zur Veränderung eures Lebens. Es liegt nun in eurem Ermessen, was ihr damit anfangt. Unsere Arbeit ist getan, und wir hoffen, ihr hattet etwas Freude beim Lesen.

Wir hoffen auch, ihr nutzt die Chancen zur Veränderung, die sich euch bieten. Wer kann die Situation des Planeten Erde verändern, wenn nicht *ihr*? Seht euch um, überall entflammt Wut und Gewalt. Erwacht aus eurem Schlaf, Kinder dieser Erde, und beginnt mit der eigentlichen Arbeit, die es zu tun gibt. Es bleibt nicht mehr viel Zeit übrig, und es bleibt auch keine Zeit, um etwas auf später zu verschieben. Beginnt *jetzt*. Beginnt bei euch selbst und reinigt euch. Das hat Auswirkung auf alles. Es ist nicht nur alleine für euch. Nein, ihr verändert durch eure Selbstreinigung die Atmosphäre um die Erde. Alle Menschen, jede einzelne Person, die sich dem Licht und der Liebe zuwendet, verändert das Klima der Erde und setzt einen Gegenpol zu Haß und Gewalt. Verfallt ihr in Resignation, helft ihr *nicht* dem Licht. Verfallt ihr in Trostlosigkeit, gebt ihr der herrschenden Gewalt *wieder* die Überhand. Immer mehr Menschen müssen aus ihrer Resignation und Mutlosigkeit erwachen und erste Schritte hin zu mehr Licht tun. Der Mensch verstrickt sich sonst immer mehr in ein gefährliches

Unterfangen. Das Schiff steuert sozusagen auf einen gefährlichen Abgrund zu. Wer kann das Ruder in die richtige Richtung bringen, wenn nicht ihr? Und es beginnt immer in kleinen Schritten. Viele meinen, daß sie egoistisch wären, wenn sie sich zunächst einmal um sich selbst kümmern. Dies ist ein alter Glaubenssatz. Es gibt bereits genug Blinde, die Blinde führen. Beseitigt zunächst einmal den Staub aus euren eigenen Augen, damit ihr klar sehen könnt, bevor ihr beginnt, andere führen zu wollen. Der erste Schritt liegt bei und in jedem einzelnen von euch! Und noch einmal, *wann* wollt ihr anfangen, wenn nicht *jetzt*. Es ist keine Zeit mehr für Bedenken, für Ängste, für wichtigere Dinge, als dafür, mit der Rettung der Erde zu beginnen. Ihr müßt die Angst verlieren, Vorreiter für die Menschen zu werden. Ihr müßt die Angst verlieren, auszubrechen aus dem gewohnten Rhythmus der Lethargie. Ihr müßt die Angst verlieren, von euren Mitmenschen zunächst einmal argwöhnisch beäugt zu werden, wenn ihr euch plötzlich verantwortlicher verhaltet.

Kinder der Erde, wacht auf und schreitet
mutig voran!

Wir senden euch unsere Liebe,
unser Licht.

Sameen Al Hoskia Ra und die Weltenhüter

Regine Zopf veranstaltet regelmäßig weiterführende Seminare und Ausbildungskurse zum Thema Chakrenarbeit. Darüber hinaus gibt sie Channeling-Sitzungen, bei denen auch Kontakt mit der Geistführung des jeweiligen Menschen aufgenommen werden kann.

Bei Interesse kann man Informationsmaterial beziehen über:

Weltenhüter Verlag
Ralph Peters
Siemssenstraße 1
2000 Hamburg 20